バドミントン 負けないこころのつくり方

髙橋礼華
Ayaka TAKAHASHI
―リオ五輪金メダリスト―

PERFECT LESSON BOOK
実業之日本社

はじめに

みなさんは、からだのどの位置にメンタルがあると思いますか？
胸のあたり――つまり心臓の位置でしょうか、それとも頭でしょうか、あるいはもっと違うところにあるという人がいるかもしれません。
そう聞かれて少し考えたのちに、はっきりと答えが見つかりました。

私にとってのメンタルは、頭にあります。

どんなスポーツも、頭で考えてプレーしないと強くなることはできません。ましてやバドミントンのように相手と向き合って対戦する競技はなおさらです。「駆け引き」という言葉があるように、押しすぎても、引きすぎても、勝負を制することはできないでしょう。

メンタルは試合の行方を左右するもので、技術よりも大切だと思います。言い換えるなら、強いスマッシュを打つ技術がなくても、ガッツがあれば勝てるのがバドミントン。逆にすごく上手なのに、試合になると緊張して本来の力が出し切れないという人をたくさん見てきました。最後はやはり気持ちの差が勝負に表れます。

私は小学生の頃から、監督やまわりの大人に「鉄の心臓」と言われてきました。理由はわかりません。ただ、試合で緊張することはなかったし、怖いもの知らずで度胸があったことを覚えています。

しかし、それだけで勝てるほど甘い世界ではないことも知っていました。

からだが小さい私が全国大会で勝つためには、誰よりも考える必要がありました。

相手の表情を観察し、相手の苦手なところを突き、自分のペースになったら一気にたたみかける。左右に揺さぶって相手を動かしたり、足元にシャトルを落とすのも得意でした。負けん気の強さも相まって、どんな試合も最後まであきらめませんでした。

そのように、メンタルが具体的な効果となって現れたのが、リオデジャネイロオリンピックの金メダルです。

私たちの試合を見た子どもたちの中には、「自分もオリンピックに出たい」「日本代表になりたい」「もっと強くなりたい」と思う人がいるかもしれません。そんなに人たちに、こう伝えていきたいと思っています。

「バドミントンはメンタルが一番大事だよ」と。

それが現役を引退した私の使命でもあると感じています。

この本が、バドミントンをがんばっている若い人たちへのエールになれば、それに勝る幸せはありません。

髙橋礼華

「2016年リオ五輪決勝の
ファイナルゲーム。
16対19から勝てば、
ヒーローになれる……と思った」

（髙橋礼華）

5　青木紘二／アフロスポーツ

バドミントン　負けないこころのつくり方

CONTENTS

はじめに　2

第1章　バドミントンをよく知る　11

01　体格や技術より大切なものがある　12
02　「考える」習慣を身につける　14
03　「強くなりたい」という覚悟を持つ　18
04　メンタルで勝機を見い出す　20
05　バドミントンの特性を活かす　23
06　いつも前向きな気持ちで　26

第2章　練習でのこころの持ち方　29

07　「練習では自分が一番弱い」と思え　30
08　ものまねは上達の近道　34
09　何かに〝つながる〟と考えてみる　36
10　すべてポジティブに考えてみる　38

11 メンタル「7」、技術は「3」 40
12 〝根性〟という土台があってメンタルが活きる 42
13 目標は高く、ぶらさない 44
14 悩みごとは短く、浅く 47
15 時には鈍感でもいい 50
わたしから見た金メダリスト PART 1
田所光男（聖ウルスラ学院英智 バドミントン部総監督） 53

第3章 試合時のメンタル

第3章 試合時のメンタル 59
16 試合に入るための「やる気スイッチ」 60
17 「いつも通り」を心がける 62
18 ハイリスク、ハイリターンを狙う 64
19 自分の強みを持つ 66
20 自分に合った準備を心がける 68
21 負けたら相手をほめる 71

22 ルーティンを持つ …… 73
23 簡単に勝てるわけがない …… 75

わたしから見た金メダリスト PART 2
髙橋昭博（父）…… 79

第4章 プレーごとのメンタル …… 85

24 会場を観察して味方につける …… 86
25 苦手なことは、苦手と思わないようにする …… 91
26 守り（レシーブ）は最大の攻撃 …… 94
27 攻める体勢で構える …… 96
28 流れを変えたい時の工夫 …… 98
29 インターバルは会話より体力回復にあてる …… 100
30 ほしがらず、引き過ぎない …… 102
31 ミスしたらすぐに頭を切り替える …… 105
32 調子が悪くても表情に出さない …… 107

わたしから見た金メダリスト　PART 3
藤井瑞希・垣岩令佳（女子ダブルス元日本代表） 110

第5章　パートナーとの意思疎通 119

33 パートナーと同じ目標、同じ熱量で 120
34 目標と関係性をはっきりさせる 124
35 ノーミスを目指した理由 126
36 お互いの癖を知る 128
37 武器がないことが武器 130
38 バドミントンと向き合う 132
39 コーチは選手に寄り添う 134
40 「自分」と組んでみたい 136
41 松友美佐紀という選手 138
42 スイッチを押してくれる人を持つ 141

わたしから見た金メダリスト　PART 4
中島 慶（バドミントン日本代表コーチ）　145

第6章　ジュニア育成の心がけ　151

43　勝てる方法を自分で探す　152
44　コミュニケーションを学ぶ　154
45　シンプルな言葉を使う　156
46　相手の特徴を伝える　158
47　生活習慣が競技につながる　162
48　当たり前の行動を身につける　164
49　考えられる選手を育てる　166

わたしから見た金メダリスト　PART 5
松友美佐紀（日本ユニシス・ミックスダブルスプレーヤー）　168

おわりに　174

第1章

バドミントンをよく知る

ネットを挟む対人競技であり、タイムアウトや
セット間などの時間特性があるバドミントン。
決して体格に恵まれなかった私が、
なぜオリンピックに出場できるような選手になれたのか。
それは、バドミントンという競技の本質を
理解することに努めたことも要因のひとつです。
まずはその点からお話していきましょう。

01

体格や技術よりも大切なものがある

２０１６年のリオデジャネイロオリンピックで初めて私と松友《まつとも》美佐紀《みさき》の「タカマツペア」のバドミントンを見た人は、決勝戦で対戦したデンマークペアと比べてこう思ったのではないでしょうか。

「まるで大人と子どもじゃないか」

それもそのはずです。私の身長は１６５㎝で、パートナーの松友が１５９㎝。対するデンマークの（カミラ・）リターユヒル選手は１８３㎝、（クリスティナ・）ペデルセン選手は１７８㎝と20㎝近い開きがあります。ネットを挟んで向き合う私たちから見ても、その大きさは圧巻でした。

しかし、私たちにネガティブな要素は何一つありませんでした。なぜなら、体格の差を補う武器があったからです。その代表的なものが「メンタル」と言えるでしょう。

どうしてタカマツは日本に初めてオリンピックの金メダルをもたらすことができたのか。

この本を通して、その理由を一つひとつ紐解いていきたいと思います。

はじめに断っておくと、小説ではないので無理して最初から読み進める必要はありません。目次を見て、「これは自分に当てはまりそうだな」と思うところがあれば、他のページを飛ばしてそこだけに注目しても、きっとお役に立てるはずです。

啓蒙書でもないので、私が言うことをすべて鵜呑みにしても、それだけで効果は得られません。この本に書いたのは、あくまでも私が経験してきたことや伝えたいと思っていること。これらをヒントにして、自分なりにアレンジを加えながら練習や試合に取り入れてください。そうすることで、これまでとは違う心持ちでバドミントンと向き合えるようになると思います。

最後までお付き合いいただければ、抱えていたストレスが解消され、目の前のもやが晴れた気分になれるかもしれません。

指導者や保護者であれば、お子さんに向けた適切なアドバイスに気づくこともあると思います。ファンの方々にとっては、それまで知らなかった〝真のタカマツ〟が見えてくることもあるでしょう。

読者のみなさんが、自分なりの方法でこの本を活用してくれると、とてもうれしいです。

02

「考える」習慣を身につける

メンタルの話をはじめるにあたって、まずは私とバドミントンの出会いから紹介しておきます。

初めて本格的にラケットを握ったのは小学1年の時。母がバドミントンをやっていて、私も体育館について行ったのがきっかけでした。

当時の記憶はあまり残っていませんが、最初からそんなに悪くなかった気がします。

当たり前のことですが、正確にシャトルを飛ばそうと思ったら、ガットの中心にシャトルを当てなければいけません。ガットの端のほうに当てたり、フレームで打つとシャトルはあさっての方向に飛んでいってしまいます。

ところが、私にはなぜかそうした苦労がありませんでした。空振りをすることもなく、ちゃんとガットの真ん中にシャトルを当てていた。いわゆる〝当て感〟がよかったようです。ほとんど感覚的なもので、なぜ他の子どもよりもちゃんと打てていたのかはわかりません。

もちろん、大人になってからは、動画で強い選手のプレーを見るだけで、「この人はこういう打ち方をしているから、こうやって奥まで返せるんだ」「この角度でラケットに当てているから、こういう球が打てるんだ」ということは理解できるようになりました。

ですが、子どもの頃の私にとっては、「足をこの位置についたほうが返しやすいな」「こうやったら強いスマッシュが打てるな」「このフォームが自分に一番フィットするな」と自分なりに考える程度。そうやって技術を磨いてきました。


小学４年の夏、地元の奈良県の代表として初めて全国大会に出場しました。

その時は、ただ全国大会に出られることがうれしくて、対戦相手を見ても「こんなに大きな人たちに勝てるわけがない」という気持ちでした。

ところが、３戦全勝で予選を勝ち上がると、あれよあれよと決勝トーナメントも勝ち上がり、優勝することができたのです。


小学５、６年の時も優勝しますが、コンプレックスとは言わないまでも、その頃は自分より大きい相手と試合をするのは、とても怖かったです。向き合うだけでプレッシャーがかかるし、とても嫌なものでした。

小学６年になっても身長は１４２㎝しかありませんでした。文部科学省の統計によると、令和元年度の小学６年女子の平均身長が１４６・６㎝ということですから、やはり小さいほうだったと言えます。

そのため、どうすれば背の高い相手に勝てるのかをいつも考えながら練習していました。

たとえば、背が高い選手は動きが遅く、足元のプレーがおろそかになりがちなこと気づきました。そうすると、次に考えるのは「どうやったらそこを狙えるのだろう」ということです。相手を弾き飛ばすようなパワーはないので、狙ったところにシャトルを落とせるようにコントロールを身につけました。相手に攻めさせないよう、すばやいフットワークも意識して取り組みました。

おかげで、試合の流れをつかみ、自分のよさを生かすことができるようになったと思います。

そうやって考える力がメンタルの強さにつながり、私にとって大きな武器になりました。

そして、誰よりも負けず嫌いだったことがもう一つの強みと言えるでしょう。

試合をやれば、1回でも負けるのが嫌でした。全国大会に出れば、「自分が優勝するんだ」という気持ちがとても強かったものです。

また、サッカーや野球のようにチームとして戦う競技とは違い、個人対個人のバドミントンの場合、相手の名前に圧倒されることがあるように思います。

いわゆる「名前負け」ですが、たとえば私が4年生の時に5年生のチャンピオンと試合を

小学生時代から物事に対して「考える」習慣があった。妹・沙也加（右）と姉妹そろって入賞した大会にて

すれば、「勝てそうにないな」とはじめからあきらめてしまうかもしれません。だけど、私はたとえ相手が強くても、それをプレッシャーだと感じず、ただ勝ちたい一心でプレーすることができました。

　思えば小学生の頃は、誰よりも考え、そして、誰よりも反復練習を重ねてきたものです。そして、誰にも負けたくないという性格の持ち主でした。

　こうした努力を怠らなかったからこそ、今の自分があるのだと確信しています。

03

「強くなりたい」という覚悟を持つ

小学生で結果を残した私は、誘われる形で宮城県の聖ウルスラ学院英智中学に進学します。両親と離れて暮らすことに寂しさもありました。しかし、この時の両親の言葉は、「辛《つら》くなったらいつでも帰っておいで」というものではありません。むしろ、「やるなら結果が出なくても6年間やりきりなさい。礼華が泣いて帰ってくる場所はないよ」という言葉を父からかけられたことを覚えています。

もちろん、父の言葉は本心ではないでしょう。ですが、この言葉で私の腹は決まりました。純粋に「強くなりたい」という思いから、奈良を離れて遠い宮城へ行くことを決めました。

もう一つ、聖ウルスラ学院英中学を選んだ理由があります。現在、日本ユニシスの女子チームの監督を務める平山優《ゆう》さんの存在です。

平山さんは高校生の時に全日本総合選手権大会で入賞を果たすなど、当時からスーパー高校生として注目されていました。年齢は5歳差で、私が中学1年の時に平山さんは高校3年。1年でも同じ空間で練習ができるなら、そんなにうれしいことはないという思いでした。目指すべき人がいる所に行くことは、自分を高める上でとても大切なことだと思います。

そして、聖ウルスラ学院英智高校に進むと、高校2年の時に1年後輩の松友とペアを組むことになります。松友のことは小学生の頃から知っていて、無敵の強さが印象的でした。身長は小さかったですが、頭を使ったプレーが印象に残っていました。

今でもよく覚えています。新人戦を迎えるにあたって、監督の口からメンバー入りする選手の名前が呼ばれていったのです。

本来ならキャプテンの私の名前が最初に呼ばれるはずなのに、完全にスルーされて「えっ?」と思いました。忘れられているのかと思ったら、最後に「髙橋、松友」と呼ばれました。その時の率直な心境は、「マジか。後輩と組むのか……」というものでした。

結局、高校で初めてペアを組んで、引退するまで13年にわたって一緒にコートに立ってきました。不思議なのですが、初めてペアを組んだ時から試合中にぶつかるということがまったくありませんでした。はじめからすごくしっくりきて、他のペアには真似ができないコンビネーションを作り出すことができたと思っています。

二人で同じ時間を共有することで、プレーの精度を高め、さらに強いメンタルを身につけました。〝身長が低い〟というコンプレックスも克服。そして、私と松友は国内から世界へと活躍の場を広げることになります。

04

メンタルで勝機を見い出す

2016年ブラジル・リオデジャネイロオリンピック決勝戦の最終セット。

相手が打ったシャトルがネットにかかった瞬間、私はラケットを持った右手を握りしめたままコートの上で大の字になりました。

実はその時の光景をあまり覚えていません。もっとラリーが続くと思っていたし、勝負は20対20からだと思っていたからです。デンマークのあんなミスで終わるなんて、想像もしていませんでした。

ただ、気づいたら目の前に朴柱奉《パクジュボン》ヘッドコーチがいて、中島慶《けい》コーチと喜びを分かち合った。そして、松友と肩を寄せ合って幸福感に浸っていました。

リオデジャネイロオリンピックの決勝戦は、デンマークペアと対戦しました。第1ゲームを18対21で落としますが、続く第2ゲームを21対9で取り返します。

ファイナルゲームは一進一退の展開に。しかし、16対17からミスが続いて16対19と追い込まれました。正直なところ、この時点で「負けるかもしれない。自分たちは結局、大きな大会で1番になれない運命なんだ」と思いました。

その時です。ふと前の日に金メダルを獲得したレスリングの伊《い》調《ちょう》馨《かおり》選手を思い出したのです。ご存知の方も多いでしょう。女子58キロ級の決勝で伊調選手は、残り５秒で大逆転。女子選手として史上初のオリンピック４連覇を達成しました。

「もし私たちがここから勝てたら、伊調さんのようなヒーローになれるかもしれない」

絶体絶命のピンチに追い込まれながら、なぜかそんな思いが頭をよぎりました。そして、そう思った途端、自然と前向きな気持ちになれたのです。

そこから松友がミスを恐れずに攻め込み、３連続ポイントで同点に追いつきます。さらにデンマークペアを気持ちで押し切り一気に逆転。悲願の金メダルをつかみ取りました。

一方のデンマークペアは、私がミスをして16対19になった時にものすごい喜び方をしていたのが印象的でした。

「これで勝てる」と思ったのかもしれません。当然です。あと１点でマッチポイントなのですから。点差を考えれば、勝てると思うのが自然のことと言えるでしょう。

しかし、彼女たちの表情を見た私は、

「よし、今だ。ここを突いていこう」

と直感で思いました。案の定、私たちが1点を返すたびにデンマークペアに焦りが出て、ミスを連発するようになります。

このファイナルゲームの終盤、二つの勝機がありました。

一つは伊調選手を思い出したこと。もう一つが、デンマークペアの表情です。

私には特別な才能があるわけではありません。パワーやねばりがある選手は他にもたくさんいます。練習はたくさんやってきましたが、キツいことはなるべくやりたくないタイプ。だけど、ここという場面では、ものすごい集中力を発揮してきました。

この二つの勝機を見出したのは、言うまでもなくメンタルです。

もちろん、それまで培ってきたスキルがベースにありました。しかし、追い込まれた状態で頭をよぎったのは、バドミントンとは関係のない伊調選手の姿。デンマークペアの表情をよく観察できたのも、日頃から視野を広げ、別のところに思考をフォーカスする習慣を身につけていたからです。

もし、私たちがデンマークペアよりも体格が優れていたら、力まかせにシャトルを打ってミスを繰り返していたでしょう。

そうではなく、目の前のやるべきことに集中できた。

そこが「髙橋礼華はメンタルが強い」と言われてきた最大の理由です。

05

バドミントンの特性を活かす

バドミントンが強くなる一番のポイントは、バドミントンをよく知ることに尽きます。そこに発生する空間や時間、流れなどあらゆるものを把握し、味方につけなければいけません。

メンタルもその一つです。

その意味で言うと、私がオリンピックで金メダルを獲得できた理由の一つに、バドミントンの競技特性とメンタルとの相性のよさがあげられるように思います。

どういうことかというと、一つは試合の多さです。オリンピックでは、1次リーグ3試合、準々決勝、準決勝、決勝と、最大で6試合を戦わなければいけません。リオデジャネイロオリンピックの場合、女子ダブルスは1日1試合、インターバルも含めて8日間にわたって行われました。

私にとっては、その日程がよかったと思っています。それまでの練習の成果、言い換えるなら4年間の思いを、6試合にぶつけられたからです。

たしかにからだはキツいし、集中力が途切れることもあります。しかも、バドミントンの試合は、だいたい30分から1時間。考える時間を長く取れるというところは、ゲームの流れを作るうえで私に合っていました。

一方、他の競技はどうでしょう。たとえば柔道だったら、一つの階級につき1日で競技が完結します。勝っても負けてもその日で終わり。4～5試合あるとはいえ、そこにコンディションのピークを持ってくるのも簡単ではありません。

競泳も同じです。種目にもよりますが、午前に予選、午後に準決勝をやって、翌日に決勝というのがおおよその流れ。泳ぐ距離によっては1分足らずで終わる種目もあり、水に飛び込んだら考える時間もありません。

それらの競技をやっている友人と話をするたびに、「そんな一瞬で運命を決められるなんて……」と勝負の残酷さを感じるのです。

もちろん、他の競技を非難するわけではありません。柔道や競泳にも魅力はたくさんあるし、すばらしい競技者がいることも知っています。

ただ、どちらもオリンピックになればメダルを期待される競技で、その分、半端ないプレッシャーが押し寄せてくることが想像できます。一発勝負であるがゆえの利点もあると思いますが、むしろ金メダルまでの道のりはバドミントンに比べてはるかに険しく、そこを目指す人たちには尊敬の念しかありません。

その点で言うと、私たちは世界ランキング1位でしたが、知名度はそれほど高くなく、プレッシャーの少ない中でオリンピックに臨むことができたと思っています。

また、競泳は一つのミスがタイムに大きく響きますが、バドミントンの場合、ノーミスで試合を終えるということはまずありません。言い換えるなら、試合中に何度もやり直すことができるのです。たしかにバドミントンにも試合を決定づけるミスはありますが、相手に流れが傾きそうになったら、主審に「汗を拭いてもいいですか？」と尋ねて〝間〟を取ることもできます。

相手の表情や仕草を観察できるのもネット型競技の特徴で、うまく駆け引きをすればゲームの流れを取り戻せます。相手にリードされていても、最後まであきらめなければ逆転のチャンスが必ず訪れるというのも、バドミントンの醍醐味と言えるでしょう。

そう考えると、バドミントンは私にとても向いている競技で、ここまで長く続けてこられたのも、その特性を最大限に生かせたからだと思っています。

06

いつも前向きな気持ちで

ネットを挟んで向き合った相手と交互にシャトルを打ち合うスポーツ、それがバドミントンです。相手コートにシャトルを落とすとポイントになり、21点を2ゲーム先取すればその試合の勝者となります。

ラリーを制したほうにポイントが入るラリーポイント制で、一つのビッグプレーやミスでゲームの流れが変わるのも珍しいことではありません。

メンタルがモロに影響する競技で、緊張なんてしていようものなら、何もできないまま試合が終わってしまいます。すべてのスポーツに共通することですが、いつも通りの心持ちでコートに立ち、持っている力を最大限に発揮することが重要です。

メンタルを強化することで、次のようなメリットがあります。

○　大きな大会でも、緊張せずにコートに立てる
○　大事な場面で、思い切ったプレーが選択できる
○　相手が強くても、自信を持って試合に臨める
○　ミスをしても、すぐに気持ちを切り替えられる
○　バドミントンを楽しめる

いかがでしょう。もしかしたら、次のような反対の発想でバドミントンをしていませんか？

× 大きな大会になると緊張する
× 勝負どころになると弱気になる
× 相手が強いと、自分に自信が持てない
× ミスをすると、ずるずる引きずってしまう
× バドミントンが楽しくない

どちらがいいかは一目瞭然です。言い方を換えると、技術がそれほど高くなくても、メンタルが強かったら勝てるのがバドミントンです。

もちろん、相手との駆け引きや、ダブルスの場合はパートナーとのコンビネーションも、試合を優位に進めるうえで欠かすことができません。技術は高いのに試合になるとどうしても勝てないという人は、やはりメンタルに問題があると言えます。

たとえば、目標にしている大会が近づくにつれて、どんどん緊張してしまう人はいないでしょうか。

食事が喉を通らなくなったり、ベッドに入っても眠れなかったり。結果的に体調を崩して

しまい、本番で力を発揮できなかったという人もいるかもしれません。

私が高校生の頃は、7月にインターハイが開催されていました。県予選は5月。つまり、学年が変わったばかりの4月に「よし、今年はインターハイで優勝しよう」と目標を設定することになります。

そこから本番まで3カ月もあるわけですから、なかには調子を落としてしまう人がいることも考えられます。

でも、私はそこで慌てません。たとえ県予選が終わったあとの6月に調子を崩したとしても、「目標はここじゃない。インターハイで優勝するために練習しているんだ」と気を取り直して練習に向かっていました。練習試合で負けても、「最終的にインターハイで勝てばいいから」と前向きな気持ちで取り組んでいたものです。

結果的に高校3年のインターハイは個人戦で優勝。思い出がたくさん詰まった大切な大会になりました。

第2章からは、私の経験を交えながら、どうやってメンタルを強化すればいいかについて、具体的な話をしていきます。ぜひ参考にしていただき、強靭なメンタルを身につけてください。

第2章

練習での こころの持ち方

試合で理想通りのプレーをするには、
言うまでもなく日々の技術練習や体力トレーニングの
積み重ねが大前提となります。
目標や目的の置き方、取り組む意識によって、
成長の度合いや伸び率が変わってきます。
時にはくじけそうになることもあるでしょう。
そんな時、どういう心持ちで
練習に臨めばいいのか、まとめました。

07

「練習では自分が一番弱い」と思え

この章では、練習時のメンタルについて触れていきます。

みなさんは普段、どんな心持ちで練習に臨んでいるでしょうか。

「よし、がんばるぞ！」と気合を入れて体育館に入る人もいれば、「今日の練習、早く終わらないかなあ」と、消極的な気持ちでコートに立っている人もいるかもしれません。

多くの人が、「前の試合でできなかったことを、練習で克服しよう」「次の試合までにあのプレーができるようにしよう」と明確な目標を持って練習にはげんでいることでしょう。

いずれにせよ、どんな練習でも気持ちの持ち方しだいで、プラスにもマイナスにも働くことを忘れないでください。ただラケットを振り、足を動かしていれば、それだけでバドミントンがうまくなるというわけではありません。

父から言われた言葉で、今も時々思い出すものがあります。

「練習では世界で一番下手で弱いと思え、試合では世界で一番強いと思え」

どこかで聞いたことがあるという人もいると思います。バドミントンに限らず、いろいろなところで語られている言葉です。父がそれをどこで引き出してきたのかはわかりませんが、小学生の時に言われ「まさにその通りだな」と腑《ふ》に落ちた覚えがあります。

練習というのは、自分が目指す姿に少しでも近づくため、あるいはもっと強くなりたいという気持ちが突き動かすものです。目標がなければ何を練習すればいいかわからないし、「これくらいでいいや」と思ったら手を抜いてしまうでしょう。できないことが多いからこそ、「もっと強くなりたい」と思えるのです。

父としては、私の努力を途切らせないために、「もっと上を見てほしい」「練習の質を落としてほしくない」という思いからこの言葉をかけてくれたようです。

私は日本代表として世界を転戦している時も、「試合では自分が一番強い」と思い、自信満々でコートに立ってきました。世界ランキング1位の選手と対戦する時も、「自分たちはこんなに練習してきたんだからきっと勝てる」と思い、果敢にチャレンジしてきました。

一方で、たくさん練習すれば、それが自信になると言う人がいます。

はたして本当にそうでしょうか。

たしかに練習によって今までできなかったことができるようになれば、大きな喜びが得られます。練習に対するモチベーションも上がるし、不安がない状態で試合に臨めるかもしれません。日本代表に選ばれるような選手の中にも、「たくさん練習しないと、かえって不安になる」と言う人はいます。

ですが、ただ練習量を増やすだけでは不安を取り除くことはできない、というのが私の考えです。少し厳しい言い方をすると、量を増やすことだけを目的に練習をするのは、ただの自己満足に過ぎないということです。

実際、私はどれだけたくさん練習しても、完全に不安を拭い去ることはできなかったし、それが自信につながったこともありませんでした。

ただ、一つだけ胸を張って言えるのは、「練習で手を抜いたことがない」ということです。

小学生の頃は週6で練習がありました。平日は夕方の6時から夜の9時まで。土日は朝の9時から夕方の4時頃まで、夢中になってシャトルを追いかけたものです。だけど、どれだけからだが疲れていても、3時間だったら3時間の練習を最後までがんばりきる。

たとえ、残り20分になっても、「まあ、いいや」で終わらせることはありません。

やはり「練習では自分が一番弱い」と思っているから。そして、「試合では自分が一番強い」と思いたいからです。

小学生の頃は、「全国大会で1位になりたい」という明確な目標がありました。身長が低い私がやらなければいけないことは、自分の中ではっきりと理解していました。

練習の内容にも妥協はありませんでした。

楽しさの中に厳しさもあり、一つひとつの質がとても高かった記憶があります。いつも練習ですべての力を出し切っていたので、終わったあとに体育館で自主練習をすることもありません。小学生の頃はただバドミントンが楽しかったのですが、その頃から「練習は時間をかければいいというものではない」と子どもながらに思っていたようです。

また、みんなが同じように練習するべきだとは思いません。

その人に合った練習というものがあります。練習が足りないと思ったら自ら進んでやるし、勝ちたいと思ったら日頃の生活もバドミントンに置き換えて考えられるでしょう。私は練習が休みの日もよく走ったし、自宅の庭に簡易ネットを張ってもらい、時間を見つけては妹とヘアピンの練習をしていました。

肝に銘じておきたいのは、自分に何が必要か、何が自分に合った練習かを考えること。

指導者や保護者のみなさんは、子どもにすぐ答えを求めず、自分で考え、答えを導き出す時間を与えてあげてください。

このジュニアの育成については、第6章で詳しくふれていきます。

08

ものまねは上達の近道

今では私たちの生活からすっかり切り放せなくなったスマートフォン。その用途はさまざまで、コーチに撮影してもらった動画を練習後に見返し、フォームの修正に役立てている人も多いと聞きます。とても効果的な練習方法だと思います。

私が子どもの頃は、今のようにスマートフォンが普及していませんでした。ユーチューブのような動画共有サイトもありません。どうやって動画を活用していたかというと、試合会場で母にビデオを撮ってもらい、それを家に持ち帰ってからテレビにつないで見返していたのです。

全国大会に行くたびに、憧れていた年上の選手のプレーを動画で撮ってもらっていました。とくに注目していたのが、私と同じようにからだが小さい選手です。具体的に言うと、からだが小さく、力が弱い当時の私には、シャトルを強くたたくエースショット（決め球）がありませんでした。だから、「どうやったら小さいからだでもエースショットを決められるのだろう」と考えながら見ていました。

子どもはものまねの天才とよく言われますが、ペアを組んでいた松友に大人になってからこう言われたことがあります。

「私（松友）が何回も繰り返さないとできないようなプレーも、（髙橋）先輩はビデオを見て自分がこうなりたいと思ったらすぐにできるようになる」

信頼している松友が言ってくれるのならたしかにそうだな、と率直に感じました。

私はセンスがあるわけではないし、自分のことを天才だと思ったこともありません。だけど、「この人になりたい」「この人みたいなプレーがしたい」「私でもこういうプレーができるんだ」という思いは誰よりも強かったと思います。

そして、コーチやチームメイトから言われたことを頭の中で理解し、プレーで表現できるタイプでした。

憧れの選手になり切ることで、自信がつくなどメンタル面での効果も見込めます。世界レベルのプレーを動画で見てから練習に行くだけで、「今日はなんだか調子がいいなあ」と感じるものですよ。

09 何かに〝つながる〟と考えてみる

かつて大流行した「ダンスダンスレボリューション」というゲームをご存知でしょうか。

音楽に合わせた矢印がテレビ画面に流れ、その指示通りに足元のパネルを踏んでいくゲームです。たとえば、画面に「右」の矢印が出たら、タイミングを合わせてパネルの「右」を踏む。矢印は絶え間なく流れてくるので、反射神経やリズム感が鍛えられます。ゲームセンターにも設置されているので、やったことがあるという人も少なくないでしょう。

私は子どもの頃から、歌ったり踊ったりするのが大好きでした。この「ダンスダンスレボリューション」はまさに自分の欲求を満たしてくれるゲームだと思い、父にお願いしたら本当に発売された日に買ってきてくれたのです。

たしか小学校の低学年の頃。妹と競争しながら遊んだ思い出があります。

もちろん、ただのゲームといっても、バドミントンと結びつけることを忘れません。たとえば、右利きの私は、バドミントンでレシーブをする時、右足を前に出して構えます。だから、「ダンスダンスレボリューション」をする時、右足はすばやく反応して足元のパネルを踏むことができる。ところが、反対の左足になると、うまく動かすことができません。そこで、バドミントンでも両足が自由に使えるように、「ダンスダンスレボリューション」はとくに左足を意識してやっていたのです。

実際に効果があったのかはわかりませんが、それでもリズム感を養ううえで少しは役に立ったのかなと今でも思うことがあります。

このように、子どもの頃の私は、何をしている時もバドミントンに置き換えて考えることが多かったものです。他にもこんなことを考えていました。

「学校の宿題をやらなかったら、次の大会で悪いことが起きそうだ」
「練習に遅刻したら、全国大会に行けない」
「テストでいい点が取れたら、来週の試合も勝てるだろう」

いいことも悪いことも、そうやって日常生活とバドミントンを紐づけていたのです。

どんなことも本気で取り組めば、無駄なことは何一つありません。たとえゲームでも、うまくバドミントンにつなげることができたら、きっと何かしらの効果があるはずです。

10

すべてポジティブに考えてみる

生まれ育った奈良を離れ、覚悟を持って宮城県の聖ウルスラ学院英智中学に進学しましたが、最初の1年はなかなか思うようにいきませんでした。とくに、中学1年の12月に腰を痛めた時は最悪でした。

選手時代を通して経験した唯一の挫折と言っても過言ではありません。

診断の結果は椎間板ヘルニアでした。跳んだり走ったりすることはもちろん、からだを動かすだけで腰に激痛が走りました。けがの間はラケットを握ることもできず、動かせる箇所の筋力トレーニングをしながら体育館の舞台の上でチームメイトの練習を眺めていました。

「なんで私、ここに座って筋トレなんてしているんだろう」

「何をしに宮城まで来たんだろう」

そうやって、頭に浮かぶのは、ネガティブなことばかり。

焦っていたのでしょう。練習は厳しいし、1年生だから体育館の掃除など部内の仕事もある。勉強もやらなければいけない。いろいろな感情で頭の中がぐちゃぐちゃになっていました。大きなけがをするのも初めてで、検査のために注射をするのも怖かったことを覚えています。12月にけがをして3月に復帰するまで、こころが休まる時はありませんでした。

でも、けがで練習に参加できないからといって、何も悪いことばかりではありません。バドミントンから少し離れ、自分を見つめ直す時間を与えてもらったとポジティブに解釈することもできます。

私はそうやって、無意識に発想の転換をしていました。

練習しているチームメイトの姿を見ながら、いつしか「下を向いていてもダメだ」と考えるようになりました。

動けるようになった自分を想像しながら、リハビリにはげむことができたのです。

「けがが治ったらこんなプレーをしてみよう」

「まずは腰を治すことだけを考えよう」

「みんなは強くなっているかもしれないけど、自分はゼロからがんばろう」

前向きな思考は、復帰後のプレーにも生かされるようになりました。

それ以来、ポジティブなこころ――、メンタルの強さは、私にとって大きな支えになりました。

11

メンタル「7」、技術は「3」

バドミントンの講習会を開催すると、子どもたちからの質問コーナーが設けられることがあります。

初心者から経験がある人まで、キラキラした目でとても積極的に質問してくれます。ただ、全体的に技術的な質問が多く、やはりバドミントンはメンタルより技術のほうが大事だと思われているようです。

では、バドミントンで強くなるために、メンタルはどれくらい重要なのか。私の考えですが、メンタルと技術の割合はズバリ――、メンタル「7」：技術「3」です。思ったより、メンタルの割合が多いと感じませんか？

技術も大切です。ですが、もっと大袈裟に言うなら、技術が足りなくても、メンタルが強かったら格上の相手に勝てる。それが、バドミントンなのです。

たとえば、ミスはメンタルによって左右されることがあります。私の場合、「今、1点がほしい」と気持ちが先走っている時は、たとえ技術があっても「カットが入らない」「レシーブがネットにかかる」といったことが起こり得ます。それはメンタルがブレてしまっていることによって、少なからず技術に悪い影響を及ぼしているからだと考えられます。

気持ち（メンタル）は技術をしのぐ――、そう感じたのも一度や二度ではありません。身をもって体験したのは、私が聖ウルスラ学院英智高校3年の時でした。最後のインターハイを迎えた直前、現地に入ってから右足首を捻挫してしまったのです。

そんな時、当時の顧問だった田所光男先生が、「髙橋はとてもプレーできるような状態じゃない。個人戦の女子ダブルスも棄権させる」とパートナーの松友に話しているのが漏れ聞こえてきたのです。

焦りました。私にとって最後のインターハイが棄権で終わってしまう。でも、高校生活最後のインターハイということもあり、どんなことをしてでもコートに立ちたかった。

そこで、田所先生の目の前でフットワークをしたり、後輩にシャトルを打ってもらうなど、「プレーできますよ」というアピールをしました。それを見た田所先生は何も言わずに私を試合に出してくれました。

結果は優勝。今振り返っても、よく勝てたものだと思います。捻挫をしていることもあって、〝負けてもしょうがない〟という気持ちが前向きに働きました。プレッシャーもなく、〝どんなことをしてでもコートに立ちたい〟という気持ちが上回った結果です。まさに気持ちが技術をしのいだ無欲の勝利でした。

12

〝根性〟という土台があってメンタルが活きる

メンタルと根性の違いにも触れておきましょう。

前の項で私は、「気持ちが技術をしのいだ」と書きました。

では、ここで言う〝気持ち〟はメンタルのことでしょうか。いいえ。よくよく考えてみると、〝どんなことをしてでもコートに立ちたい〟という気持ちは、メンタルではなく〝根性〟に分類されます。メンタルと根性は、似て非なるものです。

「根性」を辞書で引くと、「困難にもくじけない強い性質」（広辞苑）とあります。昔のスポ根ドラマで言うと、からだに過度な負荷をかけてでも、血のにじむような努力を重ねて勝利をつかみ取ろうとすることです。

私の考えで言うと、自分に矢印が向いているのが〝根性〟で、自分だけでなくパートナーや対戦相手、指導者などその場を取り巻くすべての環境に関わってくるものが〝メンタル〟です。ネガティブなマインドをポジティブに置き換えたり、不安を払拭するためにこころをコントロールしたり、相手との駆け引きなど心理戦で勝機を見出すのが〝メンタル〟と呼べるのではないでしょうか。

私自身は根性を否定するつもりはありません。メンタルも、根性という土台があって初めて活かせるものだと思うからです。

高校生の頃は、インターハイの前に山奥で夏合宿を行っていました。そこで4日間、ラケットもシャトルも触らないで、ひたすら走るトレーニングにはげむのです。

専用のトレーニングコースがあって、そこを全員が完走するのが目標です。つらかったら途中でリタイアしてもいいのですが、「みんながんばっているから、ちょっと疲れたくらいじゃやめられない」という雰囲気がチームの中にありました。

そうして全員が走り終えたら、円陣を組んでお互いの健闘をたたえ合います。疲労困憊《こんぱい》になりながらも、全員のこころが「キツい練習を乗り切った」という充実感で満ちあふれていました。養われるのは精神力、つまり根性です。そのあとのインターハイでは、「こんなに練習をしてきた学校は他にはない。だから、絶対に優勝できる」という自信を全員が持つことができました。

当時の経験は、その後のバドミントン人生にも大いに役立ちました。日本代表でどれだけキツい練習をしても、「あの山合宿を越える練習はない」と自分に言い聞かせることができたのです。

13

目標は高く、ぶらさない

私がリオデジャネイロオリンピックの金メダルを目標に掲げたのは、２０１２年のロンドンオリンピックの女子ダブルスで銀メダルを獲得したフジカキペア（藤井瑞希《みずき》、垣岩令佳《かきいわれいか》）がきっかけです。

テレビでその様子を見た時、さまざまな感情が湧き上がってきました。もちろん、一緒に戦ってきた先輩たちの活躍は素直にうれしかった。一方で、自分たちがその場にいないという悔しさもありました。フジカキペアとは何度も対戦し、勝ったり負けたりを繰り返していましたから。だからと言って、私たちが出場していても、銀メダルが獲れていたかはわからない。

それなら――、

「次は私たちが金メダルを獲る」。その時に、はっきりと決意しました。

目標をかなえるには、まずはオリンピックの出場権を得なければいけません。対象となる国際大会でポイントを獲得し、選考ランキングに入っている必要があります。これが、いわゆるオリンピックレースです。

実はその最中、松友が捻挫をしてしまい、出場を予定していた２、３大会を棄権したことがあります。事態は思ったよりも深刻で、けがが治って久しぶりに出た大会でもなかなか勝つことができませんでした。

さすがに私の中にも「オリンピックに出場できるのだろうか」という焦りが出てきました。目標が金メダルであることに変わりはなかったけど、目の前の大会で結果を残せなかったからです。２０１４年には日本人選手として初めて世界ランク１位になり、ＢＷＦ（国際バドミントン連盟）スーパーシリーズファイナルズでも優勝を果たしていた。そうした周囲の期待もひしひしと伝わっていました。

精神的に落ち込む日々を過ごすうちに、中島慶《けい》コーチに不安な気持ちをぶつけました。すると、私の訴えに中島コーチはこう答えてくれたのです。

「あなたが目指しているのはオリンピックに出ることじゃないよね。リオデジャネイロオリンピックの金メダルでしょう。そのためには、この負けを認めて、また金メダルのために練習しなきゃいけないんじゃないの？」

この言葉にハッとさせられました。たしかに私は、目の前の大会ばかりにこだわりすぎていました。だけど、私たちの目標はオリンピックに出ることではありません。その先の金メダルだということに改めて気づかされたのです。

不安とか言っている場合じゃない。松友のけがはしょうがないから、その先の目標である金メダルを取るための練習をしないといけない。

その日以来、気持ちも前向きになりました。そして、こころを入れ替えて臨んだ次の大会でファイナルに進出。崖っぷちから這い上がることができた瞬間でした。

14 悩みごとは短く、浅く

私は試合でストレスを感じたことがありません。その理由は、不平や不満を口にすると、それはすべて言い訳になってしまうと考えているからです。

たとえば、コーチの指示がストレスに感じる人もいるでしょう。でも、考え方を変えると、コーチは選手に勝ってほしいからあえて厳しく言っているわけです。それをストレスと感じている時点で、私はその考え方に疑問符がつきます。

２０１６年、世界ランキング１位でリオデジャネイロオリンピックに臨む私たちに、多くの期待が寄せられました。テレビや雑誌では「タカマツの金メダルは堅い」と言われ、プレッシャーに感じることもありました。

だけど、それを「これだけの人が期待してくれているんだ。よし、がんばろう」と置き換えることで、周囲の声援を力に変えることができたと思っています。

なかには、「この体育館はシャトルが飛ばないな」と、ストレスを抱える人がいるかもしれません。それなら、「こういう体育館で勝っていけば、他の体育館に行っても対応できるんじゃないか」とプラスに置き換えてみてください。

一日で4試合もあることにイライラするなら、「他の人も条件は同じ。ここで勝ち切れたら、自分たちの強みがまた見えるんじゃないか」と思えばいいでしょう。

たとえ一瞬でもストレスを感じたとしても、それを引きずらずにコートに入ることです。コツは、発想の転換。こんなふうに、ネガティブな考えをポジティブに変えてみてください。

「スマッシュの練習ができなかったな」→「他のショットをたくさん練習してきたから大丈夫」

「この試合に負けるとヤバい」→「結果は気にせず、楽しんでプレーしよう」

「持っている力をすべて出し切らなきゃ」→「80パーセントの力でいいから出せるようにしよう」

「同じ相手に何度も負けられない」→「いつも負けている相手。勝てたらラッキーだよ」

どうでしょうか。

このように考え方を変えるだけで、意外とリラックスできませんか？

私と松友は、ペアを組むようになった高校生の頃から、いつもそういう考えで試合に臨んできました。日本代表として世界を転戦するようになっても、その考えに変わりはありません。

「相手は世界ランク1位だから、普通にやっても勝てるわけがない。でも、これだけ練習してきたんだから、どれだけ通用するかやってみよう」

もちろん人によっては、欲を前面に出したほうがいいこともあるでしょう。でも、私たちは逆に欲を出しすぎるとダメなタイプ。リオデジャネイロオリンピックの時もそうでしたが、勝つことに対して本当に欲がなかった。

選手村や試合をする体育館に初めて入った時も、こんなふうに考えていました。

「これが思い描いていた場所だ。よし、楽しんでやるぞ」

「オリンピックは最初で最後かもしれない。結果はどうあれ、悔いが残らないようにプレーしよう」

そう思ってプレーしたほうが、肩の力が抜けて意外といいプレーができるもの。負けたら負けたで、反省してまたがんばればいいんです。

勝てないからといって深く考えすぎると、かえって立て直せなくなることがあります。気持ちを切り替えるタイミングも遅くなり、何もいいことはありません。

悩む時は短く、浅く――。考えごとは、それくらいがちょうどいい。

よく「無欲の勝利」と言われますが、私の場合も同じで、結果を気にしすぎない時ほど強かった気がします。

15

時には鈍感でもいい

自信を持つことの大切さについて、ある知人からこんなことを言われました。

「アーティストにとってはライブが試合のようなもので、自分が一番輝ける場所。そこで自信を持って歌わなかったらどうするの？」

目からウロコが落ちるようでした。

バドミントンの選手にとっては、コートが一番輝ける場所です。そこで、自分に自信を持ってプレーをしないでどうするのか。

その話を聞いて以来、私は入場の時に名前をコールされた瞬間から、そこをライブ会場だと思うようになりました。大袈裟かもしれませんが、「みんな！　私を見て！」という気持ちでコートに入るのです。

リオデジャネイロオリンピックの時も同じでした。

開幕するまでは、もうすぐ試合だと思うと、ベッドに入ってもドキドキして眠れない日がありました。それでも、いざ試合がはじまれば、自分でも「この自信はどこからくるんだろう」と思うくらい、とても前向きな気持ちになれたものです。

バドミントンはメンタルに左右されるスポーツです。そして、試合に臨むメンタルを支えるのは、そうした根拠のない自信でもあります。

もちろん、日本代表としてユニフォームに日の丸をつけて戦う以上、目に見えないさまざまなプレッシャーがのしかかってきます。

でも、私はどんな時も、それに押し潰されることはありませんでした。今思えば、そうしたプレッシャーにも気づかなかった。鈍感力とでもいうのでしょうか。試合が終われば、「自分たちのことなんて誰も注目していない」と自然と思うようになっていたのです。

オリンピックが近づくと、メダルの期待がかかる日本代表選手は勝っても負けてもニュースになります。それをプレッシャーに感じる選手がいるのも事実。しかし、私たちは、「負けてもニュースにしてくれてありがたいね」といつも笑っていました。

私はスーパーマンじゃないし、負ける時は負ける。

子どもの頃は誰よりも負けず嫌いでしたが、大人になるにしたがって、いい意味で負けることに対する考え方が鈍くなってきました。

だって、負けたからといって、死ぬわけじゃない。あんなに苦しい練習を乗り越えてきた人でも負けているのだから、私なんて負けて当然だ。そう思ってしまいます。

もちろん、ネガティブな気持ちは一瞬。いつまでもくよくよしないからこそ、すぐに「もっと練習しなきゃ」と気持ちを切り替えることができるのです。

コートに入る時は「やってやるぞ。よし、見とけ！」と気合を入れますが、負けたら負けたで「しょうがない」と割り切る潔さも忘れてはいけません。

こころに留めておきたいのは、「次は勝てるようにもっと練習しなきゃ」と思う気持ち。そうやって、人は成長していくものです。

わたしから見た金メダリスト PART 1

田所光男

（聖ウルスラ学院英智　バドミントン部総監督）

歴史に残るタカマツペアが誕生したのは、高校時代。誕生するきっかけを与え、出発点を知る恩師は、二人をどう見ていたのか。当時から髙橋のメンタルはチームにどんな影響を与え、コートでどう発揮されていたのか。

たどころ・みつお／1951年生まれ、山形県出身。現役時代はNTT東日本で活躍。引退後は聖ウルスラ学院英智中学、高校のバドミントン部を1995年から監督として率いてきた。髙橋が2年の時に松友美佐紀とのダブルスペアを結成させ、最強ペア誕生のきっかけを作った。現在、聖ウルスラ学院英智中高バドミントン部総監督。

●姉妹のように最初からコンビネーションが抜群だった

小学校6年の全国大会で、髙橋のプレーを初めて見ました。その印象として、体格は普通の小学生で、身長が低く、痩せていました。小学生のプレーヤーとして、フォア、バックの打ち方などのラケットワークはすばらしいものを持っていました。思い切りのいい振りをしていたことをよく覚えています。

そして、負けず嫌いの試合をしているところに魅力を感じました。普段はポーカーフェイスなのに、ポイントを決められるととても悔しそうな表情をする。試合の進め方、態度、雰囲気、顔つき――、ここに身長が伸びて筋力もついてくれば、かなりいい選手になるんじゃないか。そう確信しました。

髙橋が中高の6年間で身につけた最たるものは、〝ハングリーさ〟だと私は思っています。12歳で親元を離れて奈良から宮城に来るというのは、本人も不安だし、送り出す親御さんも不安なもの。しかし、髙橋が「宮城でやりたい」と決めた時に親御さんからかけられたのは、「つらくなったら帰ってきていいよ」といった生優しい言葉ではなかったと聞いています。

「あなたが帰ってくるところはないよ。それでも行くなら認めてあげる」

そんなことを言われたそうです。親御さんの愛情の表現だったのでしょう。

中学3年、高校3年の時にキャプテンをやっていたこともあり、言葉に対する責任感が強い子でした。いい加減なことは話さない。そして、自分で言ったことは必ず実行する。

小学校の文集には「将来はオリンピック選手になりたい」と書いていたそうです。思えば宮城に来た時から、それだけの覚悟があったのでしょう。

髙橋が高校2年、部が新体制になる時、1学年下の松友とダブルスを組ませました。

2人ともシングルスプレーヤーで、どちらかというとシングルスで活躍させたいという思いがありました。シングルスプレーヤーは、ダブルスをやらせても、すぐに上達するだろうと軽い気持ちで組ませました。ダブルスの動きがわからなく迷ったら、二人でいるのだから、コート半分、守って攻めたらいいだろう、というふうに考えていました。

性格もうまく合っていたように思います。高橋は妹がいていつも引っ張り役でした。それに対して、姉がいる松友はどちらかというと引っ張られたいタイプ。さらに、高橋は高校生になって身長がぐっと伸びてパワーヒッターになりました。からだが小さい松友は、前衛の動きをしっかりやることで、後衛の高橋が気持ちよく打てるように考えてプレーしていたのです。わりと軽い気持ちで組ませたペアでしたが、はじめからコンビネーションは抜群でした。

●自分で考え抜いてプレーするスタイル

精神力の強さは、インターハイの直前に行っていた高地トレーニングで培われたものです。山形県の蔵王坊平高原にスキー場があり、その近くの高地トレーニング用のコースでいつも合宿をしていました。標高１０００メートル級ですから酸素が薄い。そこで梅雨が明ける前、７月の半ば頃にトレーニングをします。しかも、晴れの日に走っても精神力は強くなりません。土砂降りの中でやるから効果が出るんです。

生活をともにしながら３泊４日。当たり前ですが、チームには足が速い選手がいれば遅い選手もいます。だけど、全員が完走する。これが目的です。終わったら、みんなで円陣を組んで、涙を流しながら「完走できてよかったね」とお互いの健闘をたたえ合います。そうやってチームワークを築き上げてきました。

髙橋が高校3年の時のインターハイも、記憶は鮮明に残っています。

とても暑い日で、しかし、体育館には冷房が入っていません。バドミントンは風の影響を受けやすいので、扇風機もない。そんな中、髙橋は自分の汗で足を滑らせて捻挫をしてしまったのです。大きく腫れてね。帯同してくれたトレーナーに応急処置をしてもらいましたが、団体戦の出場は断念させました。ところが、個人戦にはどうしても出たかったのでしょう。

私の後ろでフットワークをやっているんですよ。「何をやっているんだ。まだ治っていないだろう」と言っても、「いや、だいぶよくなったんです。試合に出られるかもしれません」と無言でアピールしていました。

何しろ責任感の強い子で、団体戦に貢献できなかったことがキャプテンとして情けなかったのかもしれません。個人戦で優勝して、チームに貢献したいという思いが強かったようです。

高校時代の髙橋や松友は、非常に理解力がある選手でした。それは他の選手も同様です。この年代の選手は、どうしても言葉だけだと成長に時間がかかるのですが、聖ウルスラ学院英智高校の選手は学力も高く、言われたことを理解してすぐに行動に移していました。

私が選手によく言っていたのは、「直したいことよりも、いい部分をガンガン伸ばそうよ」ということです。

また、「先生の言葉が１００パーセントではないよ」といつも言っていました。なぜなら、バドミントンをするのは選手ですから。大事なのは、先生やコーチの言葉を理解し、それを参考にして「自ら考える」こと。「自ら考えなさい」と言って、生徒の考える力を育んできました。

私たち指導者は、生徒の性格を把握し、しっかりと見極めながら、言葉のかけ方を変えなければいけません。その点で言うと、髙橋はキャプテンだったこともあり、他の選手よりも厳しく指導してきたつもりです。ときには「キャプテンのお前がしっかりしないからだろう」と発破をかけることもありました。すると、チーム全体の士気が上がるんです。

それこそが、髙橋がまわりの選手から絶大な信頼を得ていた証拠。キャプテンとして、彼女ほどの人格者は他に見当たりません。

リオデジャネイロオリンピックで金メダルを獲得した瞬間にも立ち会うことができました。印象に残っているのは、やはりデンマークとの決勝戦。ファイナルゲーム、16対19から逆転した場面です。会場で見ていた私は、不思議と負ける気がしませんでした。

翌日のことです。宿泊していたホテルに二人が訪れた際に、松友に聞いてみました。「16対19の状況で何を考えていたの？」と。すると、松友は「あのまま終わりたくなかった」と言いました。要するに、まだ打っていない球を打ちたかったそうです。

そう言われると、松友が後ろから相手のバック側にノータッチで決めたスマッシュが思い起こされます。そのポイントで18対19。そこから、一気に逆転勝ちを収めました。

要するに、髙橋と松友の二人は、「監督やコーチ、あるいはいろいろな指導者から言われたことを鵜呑みにして、それをそのまま実行するというプレースタイルではなかった」ということです。追い込まれた状況でも、何をすればいいのかを自分たちで考え、それを実行に移していました。

高校時代に身につけた「自ら考える力」が5ポイント連取、そして、金メダルの獲得につながったのだと思います。

髙橋は奥ゆかしい性格の持ち主で、強い「精神力」「人間力」を持ち備えた人物でした。

２０２０年に引退し、今後は指導者にもチャレンジすると聞きました。とくにジュニアは精神的な面が影響する世代です。技術的なところも教えないといけないでしょうが、やはり悩んでいる選手にとってのこころの拠り所というか、どうやって解決すればいいかを教えられる指導者になってほしいですね。

バドミントンとの向き合い方、精神的に強くなる方法を若い選手に伝えていってください。

第3章

試合時のメンタル

いざ試合本番です。
結果を出さなければいけないと思えば思うほど、
緊張したり、不安に感じたり、考え過ぎたりしてしまう人も
多いのではないでしょうか。
この章では、私自身がどうやって乗り越えてきたのか、
これまでの経験を整理してお話します。
試合に挑む時の心持ちの一つとして
参考にしてみてください。

16

試合に入るための「やる気スイッチ」

第3章では、試合に臨む際のメンタルの持ち方について話を進めていきます。

ただ、私が現役の頃に経験してきた話が中心なので、必ずしもすべての人に当てはまるかどうかはわかりません。

それでも、自分のメンタルが弱いと思っている人、あるいはメンタルを強くしたいと思っている人にとっては、試合における心構えのヒントが散りばめられていると思います。この章を読み終えたみなさんが、少しでも自信を持ってコートに入れるように、前向きな話をしていきましょう。

「大きな試合でもプレッシャーを感じたことがない」
「私はすべての試合で勝てるスーパーマンではない」

第2章で、プレッシャーがかかった時の心理について、こう話しました。

オリンピックのような大きな大会になると、ファンやメディアから多大な期待が寄せられます。その多くが、「メダルを獲ってください」「表彰台にのぼってください」というもの。すべての声に応えようとすると、否が応でも「勝つ」ことに意識がいってしまいます。

一番よくないのが、「勝たなければいけない」と思い過ぎてしまうこと。

とくにメンタルに左右されやすいバドミントンの場合、それらのプレッシャーが手元のコントロールを狂わせたり、足の動きを止めてしまうことが多いように感じます。

どんな大きい大会でも「勝たなければいけない」と思い詰めたことがない私ですが、自分のやる気にスイッチを入れるために、大切にしていたのが「コートに入る瞬間」です。

バドミントンが国技のマレーシアやインドネシアでは、決勝戦ともなると会場がライトアップされるなど演出がとても派手です。地元の人たちの歓声もすごく、体育館がひとつになると言っても過言ではありません。

子どもと手をつないで入場したり、客席へＴシャツを投げ入れたり、そこで「アヤカタカハシ〜」と名前がコールされるだけで会場のボルテージもワーーーッと高まります。

東南アジアの観客は、バドミントンをよく知っていることも特徴の一つ。たくさんのファンから声をかけられて、私も「よし！　やるぞ！」「みんな、私を見て！」とテンションが上がってきます。その時だけは、「スーパーマン」気分になっているかもしれません。

そして、試合がはじまったら、「私はこの体育館の中で一番強い」と思って戦うのです。

そうやって気持ちのスイッチをオフからオンに入れることは、自分自身にプレッシャーをかけないための一つの手段と言えます。

17

「いつも通り」を心がける

バドミントンの講習会で小学生を指導すると、こんな質問を受けることがあります。

「試合で緊張しないためにはどうすればいいですか？」

みなさん、普段の練習ではそれほど緊張しないのに、試合になるとどうしても緊張してしまうようです。急に足が動かなくなったり、視野が狭くなってしまったり。いつもなら簡単に打ち返せる球にも追いつけない。せっかくこの日のために準備してきたのに、練習してきたことが出し切れないなんて、実にもったいない。

では、どうすれば試合の緊張をやわらげることができるのでしょうか。

私の答えはこうです。

「いつも通りの行動を心がけましょう」

どうしても人間は、大切な試合になればなるほど普段と異なる行動をとりがちです。たとえば、「明日は決勝戦だから早起きしよう」という人がいます。あるいは、「集中するために誰とも話さないようにしよう」と思う人もいるでしょう。ゲンを担いで、下ろし立てのシューズを履いたり、「朝からトンカツを食べよう」なんていう人がいるかもしれません。

心当たりはありませんか？　もちろん、そうすることで緊張がやわらぐというのなら、それでもいいでしょう。でも、私はおすすめしません。新しいシューズを履けば靴ずれするかもしれないし、朝からトンカツを食べようものなら胃もたれして動けなくなります。そもそも、「いつもより早起きしよう」と思った時点で、緊張して寝られなくなるでしょう。

大切なのは、いつも通りの行動をすることです。いつもの時間に起きて、いつも食べている朝食を食べ、いつものように支度をして、いつも通り家を出る。そして、会場に着いたら、いつもと一緒のウォーミングアップをして試合に備えます。コートに入る前に、「今までしっかり練習してきたから絶対に大丈夫。楽しんでいこう」と自分に言い聞かせたら、それだけで十分です。

結果はあとからついてくるもの。大事なのは、悔いが残らないように持っている力を出し切ることです。たとえ負けても、小さな積み重ねがいつか大きな花を咲かせるに違いありません。

18

ハイリスク、ハイリターンを狙う

試合がはじまってからの気持ちの持ち方についてもお話ししておきましょう。

タカマツペアの場合、点差にもよりますが、立ち上がりから最初の5、6点は様子を見ることが多かったです。いわゆる〝慣らし〟。初めて試合をする体育館だったら、プレーしながら風やコートの感触を確かめることもありました。

1、2回戦あたりは初めて対戦する相手も多く、「どんなプレーをしてくるんだろう」と観察することも序盤の流れをつかむ一つの方法です。11点のインターバルまではそうやって相手をよく分析し、プレーの精度を上げながら徐々に自分たちのペースに持ち込みます。なかなか相手が崩れないこともありますが、慌てる必要はありません。「相手の調子がいいんだな」といい意味で開き直ればいいでしょう。大切なのは相手のペースに合わせることではなく、どうすれば自分たちのかたちを作れるかを考えることです。

私たちは、ラリーが長くなってしまうような試合展開だと、なるべく早くラリーを切るようにしていました。「型にはまらない攻撃」を売りにしていたこともあります。

松友が前衛でトリッキーなショットを打ち、私は後衛から緩急をつけて打つ。相手のポジションを見て、相手の返球をパートナーが触りやすいような球出しをするように心がけていました。今の選手だったら、20〜30ラリーでチャンスが来た時だけ打つことが多いかもしれませんが、私たちは10ラリー前後で仕留めるように意識していました。

もちろん、1点がほしいし、ミスをしたくない心境はよくわかります。レシーブも高くあげたほうがラク。しかも、リスクを負って攻めるには、高い技術がなければいけません。ですが、強かった頃の中国選手などは、「ここでこんな球を打つ？」と驚くようなプレーをよく見せていました。ギリギリのところに返したり、速いスマッシュに対して切り込んでいったり、カウンターを狙ったり。相手の意表を突いて、一気にゲームの流れを引き寄せていたものです。

それを見た私たちも「リスクを負ってでもやらなきゃいけないんだ！」と考え方が変わり、自分たちから攻撃に持っていくスキルを身につけるようになりました。

流れがお互いのコートを大きく行き来するバドミントンは、最後まで何があるかわかりません。それが醍醐味でもあります。

たとえ負けていても、必ずチャンスはやってきます。そのタイミングを見逃さず、リスクを負って攻めることができれば、チームの攻撃力は格段に上がるはずです。

19

自分の強みを持つ

負けず嫌いの私がどうがんばっても勝てない、そんな選手が一人だけいました。からだが大きいわけでもなく、何かに秀でているわけでもないのに、試合をするとなぜかいつの間にか負けている。

私にとって憧れであり、いつかこんなプレーができる選手になりたいと思ったものです。

中国の馬晋《マージン》という選手で、２０１２年ロンドンオリンピックのミックスダブルスで銀メダルを獲得しました。途中からミックスダブルスがメインになったため女子ダブルスで対戦する機会は減ったのですが、それまでもまったく勝つことができませんでした。

つけいる隙を絶対に見せない選手でした。自分のプレーに絶対的な自信を持っていて、「私のところに打ってきなさい」というオーラを出すのがとにかくうまいのです。こちらがどれだけ攻撃的なプレーで追い込んでも、受け身になることがありません。

気持ちが引くと一気に流れを持っていかれるのがバドミントンの怖さ。その点で言うと、馬晋選手はどれだけ劣勢でも、つねに「ビビってない（引いてない）よ」という表情をしていました。

気持ちが前向きな選手ほど、ネットを挟んで向き合った時に〝強さ〟を感じます。

そういう選手が相手に一人いるだけで、自分たちにとっては大きなプレッシャーになります。「この人に負かされるんじゃないか」と思ってしまうんですね。

馬晋選手が意図的にそういうオーラを出していたのか、それとも、もともと負けていることを気にしない性格なのか。今となっては、それもわかりません。

ただ、「ここから逆転すればいいだけの話でしょう」と、どんな状況でもポジティブなマインドで戦っていたのは事実です。

なぜそう思うのか。それは、私も「自分のところに打ってきなさい」と思うタイプだったから。気持ちで飲まれないように、ドンと構えることを心がけていました。松友のパフォーマンスが落ちている時は、「私が全部カバーするから、自分が打てる球だけ打って」とよく声をかけていたものです。

何でもかまいません。誰にも負けない、自分なりの強みを持ってください。それが強くなるための条件であり、相手を飲み込む圧倒的なオーラになります。一つでも武器を持つことで、それが自信となり、コートに立つ不安を払拭してくれるでしょう。みなさんのメンタルを支えてくれる頼もしい味方になってくれるはずです。

20

自分に合った準備を心がける

馬晋選手について、もう一つエピソードを紹介します。

あれはたしか、インドで行われた大会でした。次がいよいよ私たちの試合という時間になっても、対戦相手の馬晋選手が一向に姿を現さなかったのです。

日本人選手の多くは、試合がはじまる1時間前に会場入りし、軽く体操をしたりシャトルを打ってウォーミングアップをします。当時の私たちも同じでした。

ところが試合開始30分前になっても、馬晋選手はまだ体育館に来ない。「もしかして棄権するのかも」と思ったその時、ようやく会場に現れました。試合がはじまる20分前のことでした。

さぞや慌てた顔をしているのかと思いきや、馬晋選手の表情は冷静そのもの。理由はわかりませんが、おそらくギリギリのタイミングで体育館に来るのは、彼女らにとってごく自然なことなのでしょう。

ウォーミングアップもほとんどしていないので、私たちにも勝つチャンスがあるかもしれない。そう思ったのも束の間、普通に負けてしまいました。

私たちは30分も40分もかけてウォーミングアップをして、試合に臨む準備をしました。

「彼女たちは10分程度しかウォーミングアップをしていないのに、試合がはじまればどうしてそんなに動けるのだろう？」

そう不思議に思ったものです。


国民性の違いも関係しているかもしれません。

ものすごく入念にウォーミングアップをする日本人に対して、海外の選手はウォーミングアップにそれほど長い時間をかけません。体操、ストレッチ、少しランニングをしてからシャトルを打つ。せいぜいそれくらいです。


そのことを、ロンドンオリンピック、リオデジャネイロオリンピックと2大会連続で銀メダルを獲得したマレーシアの男子選手に話したことがあります。

すると、母国で「英雄」と呼ばれている彼はこう言いました。

「日本人は考え過ぎだよ。ウォーミングアップをしないと不安になると思い過ぎなんだ」

たしかにそうかもしれません。私も若い頃は、1時間くらいかけてガンガンウォーミングアップをやっていました。時間をかければいいというものでもないことはわかっていても、いつもより10分くらいウォーミングアップの時間を減らすだけでとても不安になるものです。

「あまりウォーミングアップができなかった。試合で足が動くかな」
「からだをもっと温めたほうがいいんじゃないか」
「最初からエンジン全開でいかないといけないのに」

余計なことばかり考えてしまい、メンタルにもマイナスの影響を及ぼしました。

だけど、思い切ってウォーミングアップを減らしてみると、試合にはまったく影響がないことがわかりました。

私も含め、日本人は考え過ぎる傾向があるのかもしれません。ウォーミングアップや試合の入り方にこだわりがある人も多いのではないでしょうか。

これからバドミントンをはじめる人も、10年以上のキャリアを持つベテランも、ぜひ自分に合った準備の方法を見つけてください。試しに固定概念を捨てることからはじめてみるのも、殻を破る一つの方法です。

21

負けたら相手をほめる

勝っても負けても、その場で試合を振り返らない。

これは、現役時代に私が心がけていたルールの一つです。

試合が終わったら、撮影していた動画を見ながら試合を振り返る人も多いのではないかと思います。コーチと顔を突き合わせ、「ここがダメだった」「もっとこうしないといけない」と話し合う。そして、洗い出した課題を練習で修正し、次の試合で生かそうとするのです。

悪いことではありません。ですが、私は小学生の頃から、そうやって試合を振り返ることがほとんどありませんでした。なぜなら、内容が悪かったら、わざわざ振り返らなくても覚えているからです。負けた試合の記憶がなくなることはありません。

もちろん、「あの時、もっとこうしておけばよかった」「ここがダメだった」と思うことはあります。でも、私はつねに前向きな気持ちでいたいし、負けた試合のビデオを見てもいい気分にはならない。だから、私には試合後の反省会ができません。

勝った試合の動画も、数カ月後に簡単に見返す程度です。

そもそも、試合に負けた時は、自分に足りなかったところ、できなかったことはだいたい把握しているもの。できないプレーは、できるようになるまで普段から練習しています。それに、一つの場面を突き詰めて反省しても、次の試合でまったく同じシチュエーションが訪れることはまずありません。

その試合でダメだったところは、基本的に自分が苦手にしているところです。気持ちがブレている時か、「どうしよう、負けるかもしれない」という雑念が頭をよぎった時。

他の人にはわからないほんのわずかな部分で、緊張している時と言えます。

それで負けてしまったのなら、それはもう相手をほめるしかありません。

「相手の調子がよかったから負けてもしょうがない」
「相手が強かったから、私ももっと練習しないといけない」
「相手も私たちに勝つために必死に練習してきたんだな」

こんなふうに気持ちを持つことも大事だと思います。

最終的に勝つのは、技術よりも気持ちが強い人です。高校生の頃から私はずっとそう思ってきたし、今もその想いに変わりはありません。

22 ルーティンを持つ

試合前のルーティンについても説明しておきましょう。

元メジャーリーガーのイチローさんが打席に入った時にバットを立てて構えるなど一連の動作をしたり、ラグビーの五郎丸《ごろうまる》歩《あゆむ》さんがプレースキックの前にする独特のポーズが有名です。アスリートが集中力を高めたり、気持ちを落ち着かせるために決まったタイミングで行う一連の動作がルーティンです。

私も試合前に必ず行っていたことがあります。

お手洗いに行き、鏡に映る自分に向かって心の中で「私は強い。私はできる」と10回繰り返す。

声は出さず、最後に「よし！」と気持ちを入れます。

はじめたのは小学生の頃ですが、当時はまだ10回も言っていませんでした。ただ、心の中で「自分は強い」と思ってコートに入っていただけです。

ルーティンとして本格的に取り入れるようになったのは、大人になってから。もちろん、リオデジャネイロオリンピックの決勝戦の前も同じように行いました。

それで何が変わるかと聞かれても、実はそんなに大きな変化はありません。それでも、劣勢の場面で、「私は強い。私はできる」と思い出せるようになったことはプラスの材料です。たとえ負けていても、「大丈夫。きっとここから逆転できる」と前向きな気持ちになれました。

つまり、ルーティンは、自分をいつでも前向きな気持ちにさせてくれるおまじないのようなもの。

ただし、ルーティンを必ずやらなきゃいけないと思い過ぎると、やり忘れた時に不安になるので、あまり思い込まないことが大切です。また、「今日は天気がいいから、いいプレーができそうだ」というように、自分でコントロールできないものをルーティンにすることはおすすめしません。

あまり凝ったものではなく、シンプルなものがいいでしょう。軽い気持ちで取り組むのがルーティンを長く続けるコツです。

23

簡単に勝てるわけがない

〝追いかける〟展開と〝追いかけられる〟展開のどちらがラクですか？

そう聞かれたら、私は迷いなく「追いかけるほうがラク」と答えます。

もちろん、点差が開きすぎるとさすがに苦しいのですが、17対15だったら15点のほう、18対17だったら17点のほう、つまり、先行している相手を追いかけているほうが、私の場合は心理的に余裕がありました。

象徴的だったのが、リオデジャネイロオリンピックの決勝です。ファイナルゲーム終盤の逆転劇はまさに「奇跡」のような展開でした。16対19のビハインドから5連続ポイントで逆転勝ちしたのですから、そう言われるのも当然でしょう。

では、なぜ追いかける立場の私たちが、土壇場で逆転することができたのか。

第1章でレスリングの伊調さんを思い出したと述べましたが、他にもさまざまな要因があります。

その一つが、相手をよく観察していたことです。

冷静にネットの向こう側を見ると、相手のデンマーク選手の表情に違和感があることに気づきました。笑顔が少し引きつっていたのです。勢いに乗って19点まで取り、そこまでは何を打っても決まるという感覚だったのでしょう。私たちが1点ずつ点差を詰めていったら、今度は逆に焦った顔をしはじめたのです。

もし、私たちがデンマーク選手の立場でも、同じように「どうしよう」という気持ちになっていたかもしれません。追われることで気持ちまで引いてしまうと、ミスを恐れてむずかしいショットは打てなくなります。

私たちはその隙を突きました。

メンタルの面で言うと、私と松友はつねに「自分たちのほうが絶対に強い」と思い込んでいました。追いかける立場になっても、「気持ちだけは絶対に負けない」と思ってプレーしていたのです。

そうやって気持ちを上げれば上げるほど、プレーにもよい影響が出てくるものです。

レシーブに自信が出てきたり、急にミスがなくなることもありました。すると、今度は逆にデンマーク選手が普段なら考えられないようなミスをしてくれました。

私の考えで言うと、ゲーム終盤の競り合う場面になれば、気持ちが上がることによって技術がついてきます。「相手よりもミスをしないでおこう」と思えば、ちゃんとそれに伴った

試合中は、簡単に勝てるわけがない、と思って戦ってきた

プレーができるようになります。

前向きな気持ちさえあれば、たとえ追い込まれても、巻き返すチャンスは必ず訪れます。

一方で、〝追いかけられる〟展開の時は、心理状態も少し違います。

とくに相手との力の差がそれほどない場合は、「どこかで相手が仕掛けてくる」という考えがプレッシャーになるのです。

国際大会でも同じことが言えます。中国や韓国などアジアの強豪国と対戦している時は、たとえ15対10でリードしていても「ここから絶対に追いつかれる」と警戒する気持ちをゆるめません。

ゲーム終盤でセーフティリードを奪っても、「こんなに簡単に勝てるわけがない」

と私はいつも思っていました。

いずれにしても、最後の最後まで気を抜いてはいけないというのがバドミントンの鉄則です。

ネット型のスポーツの醍醐味であり、怖いところで、試合の流れはどのタイミングでどちらに転ぶかわかりません。だからこそ、試合中はつねに前向きなメンタルを持つことが重要で、相手よりも自分のほうが強いと思い続けなければいけないのです。

わたしから見た金メダリスト PART 2

髙橋昭博（髙橋礼華の父）

「自分のできることは自分でやる」という教育方針のもと育ってきたバドミントン少女は、父から見ても手がかからない子どもだった。その少女は一つひとつのことに対し、自ら考えて答えを出すひとりのプレーヤーに育っていった。父から見たその成長を追う。

たかはし・あきひろ／1962年生まれ、奈良県出身。実業団チームでの野球経験がある。妻の智子はバドミントンのジュニアチーム監督を務める。1990年に長女・礼華、1992年に次女・沙也加が誕生。二人とも小学生からバドミントンの道へ進んだ。

お父さん、強くなるためにはどうしたらいい？

バドミントンをはじめるまでは、おとなしい、おっとりした性格でした。

それまではどちらかというと内気で、お人形ごっこやぬり絵が好きな子どもでしたが、小学校に入学してバドミントンをやりはじめてからは、活発になっていったのを覚えています。そして、何事にも負けず嫌いでした。鉄棒の逆上がりや自転車に乗る練習をしていて、友だちができるようになれば、「自分にできないことはない」と言い張って日が暮れるまで練習していました。

もともとうちの家内がバドミントンジュニアチームのコーチをやっていて、最初はそれについていき、礼華は「自分もやりたい」と言いました。端から見ると、体育館でも家庭でも母親兼コーチがいるわけですから、バドミントン一家のように見えるかもしれません。

それでも家では、バドミントンの話はあまりしませんでしたね。子どもにとっては体育館ではバドミントンで怒られることもあり、家でもバドミントンの話をされたら、逃げ道がなくなります。ですから、家では少しでもリフレッシュできるように逃げ道を作ってあげる。それが家庭内での私の役目でした。

礼華がバドミントンをはじめる時に私から最初に言ったのは、「自分でできることはすべて自分でやる」ということです。学校に行く準備、練習に行く準備、練習から帰ってきた後のお弁当箱の片付けや衣類を洗濯機に入れることなど、すべて自分でやるように言いました。もしそこで、家での片付けをさぼったり、練習へ行くのに用具や練習着を忘れたりしたら、自分が恥をかくことになる。私は、恥をかくことが礼華のためになると思いました。忘れたら自分の責任。恥を知ることで、忘れないようにするために自分で考えるようになる。一つひとつの物事に対してしっかり考えて行動してほしかったんです。

年齢に合わせて、その都度できることを設定してきましたが、親元にいた12年間、大きな忘れ物はひとつもしたことがありませんでした。一切、手のかからない子どもでしたね。

小学4年で初めて全国大会で優勝した時、礼華は聞いてきました。

1歳の頃の沙也加を抱く父の昭博氏と3歳の頃の礼華（右）

「お父さん、もっと強くなるにはどうしたらいい？」と。

私自身、礼華が強くなるための答えは準備していましたが、返答はしませんでした。まず話したのは、「自分で考えた答えをもってきなさい」ということです。

それが正解だろうが間違いだろうが、とにかく礼華の考えが聞きたかったからです。

礼華は2、3日考えて「もっと強くなるには練習する」という答えを持ってきました。

当時は平日18時から21時まで週6日練習をしていましたが、練習から帰ってきても「玄関の門灯をつけてほしい」と言ってきて、ダッシュや素振り、フットワークなど1時間ほど練習していました。

礼華の行動には、自分が決めた練習を進んでやる、という意味が込められていました。

「練習では世界で一番下手で弱いと思え、試合では世界で一番強いと思え」

礼華が強くなりたいと言ってきた時に私が授けた言葉です。当然みな、一生懸命練習している。そのなかで一番下手だと思えば、がむしゃらになって練習する。試合では自分が世界一強いと思えば、負けたらどうしようという思いもなくなり、緊張もほぐれるだろうという想いを込めました。

結果的にバドミントンにつながりましたが、当時の私は礼華がバドミントンに真摯に向き合うことで、自分の人生を生き抜いていく中で役に立てばいいなと思ってかけた言葉でした。

●最後まで覚悟を貫き通した現役生活

私の前で正座して「宮城の聖ウルスラに行かせてほしい」と涙混じりに言ってきたのが、6年生の冬でした。当時は12歳の女の子がスポーツで越境入学するのはまだ珍しく、周囲からは「よく12歳の女の子を送り出したな」と言われたものです。それでも私自身は、心の中では泣いていましたが、本人が望んだことならばかなえてあげたかった。礼華がそういう覚悟ならば、親としても覚悟を持って送り出したかった。

ただその時、応援するけれど、一つだけ約束してほしいと礼華に言いました。

「たとえ結果が出なくても、泣き言は言わないこと。泣いて帰ってきても、敷居はまたがせない。お前の帰ってくる場所はない」と伝えたのです。

礼華はその約束を守りました。一切泣き言は言わず、電話もかけてきませんでした。


リオデジャネイロオリンピックは、私は日本からパブリックビューイングで応援しました。現地には家内が行きました。まさか決勝まで行くと思いませんでしたね。当時は世界ランキング1位で乗り込みましたが、決勝トーナメント戦に進出できたらいいなぁくらいに思っていました。

ところが決勝戦へ進んだ。最終セット16対19で負けている場面では、一瞬「ここから逆転するのは苦しい。だめかな」と思いました。

それでも礼華は、あきらめていなかった。勝利が決まった瞬間、床に寝転んでいる礼華を見て、12歳で宮城へ送りだした礼華の姿を思い出しました。


「自分で考えて行動する」という教育方針のもと育った礼華は、高校卒業後の進路も自分で決めていました。家内が「どうするの?」と聞いたら、「もう決まっているよ」と答えたそうです（笑）。事後報告を受けて、親としては少しは相談してくれてもいいのに……と寂し

将来の夢　高橋 礼華

私の将来の夢は、バドミントンの選手になってオリンピックに出ることです。なぜかというと、私は、バドミントンが好きだからです。好きだけではなく、オリンピックなどにでて家族の喜ぶ顔がみたいからです。今も、全国優勝もいっぱいしているけど、やっぱりそれ以上にもっと大きな大会にでていろんな人と試合したり、しゃべったり、友達になったりしてみたいです。そして、いろんな国へいって、いろんな人と対戦して負けても勝ってもあきらめないでバドミントンを続けていきたいです。そして、世界の人にも私の名前を知ってもらいたいです。そのためには、一生けん命練習しなければなりません。だから、がんばってつらい練習があってもやっています。自分のためだと思って。だから世界でも活やくできるようなバドミントン選手になりたいです。もし引退したらジュニアかんとくになってその子たちも世界にいけるような選手にしてあげたいです。本当に私は、バドミントンが大好きです。

小学校の卒業文集

い気持ちもありましたね（笑）。

現役を引退する時は、事前に礼華から電話がありました。「からだとこころが1年持たない。どう思う？」と。私自身も薄々、感じていました。その時、家内と電話を替わって、「競技人生は礼華のものだし、続けるなら応援する。続けるか続けないかは、礼華自身が決めること」だと言いました。おそらくその時には腹は決まっていたと思います。ただ聞いてほしかったんでしょうね。

引退した時は、これまでお世話になってきた方に感謝の気持ちを忘れず、これからの人生がんばってね、と言いました。よく今まで物怖じせずにがんばってくれたと思います。

第4章

プレーごとの
メンタル

バドミントンはサーブまわりやレシーブなど、
攻撃と守備が一体となった競技。
人それぞれ得意なプレーや苦手なプレーがありますが、
苦手なプレーこそ考え方ひとつで変わります。
この章では、私がどのようなことを考えて
プレーしていたかを紹介します。

24

会場を観察して味方につける

ここまで読み進めた人なら、バドミントンとメンタルは切っても切り離せないことがおわかりいただけたと思います。

世界を転戦するトップ選手でも、バドミントンをはじめたばかりの中学生でも、強くなるためにはメンタルが必要であることに変わりはありません。

戦うステージが上がれば上がるほど、強度の強いトレーニングやハードワークに耐えられる強い精神力、どれだけ劣勢でも攻めていける勇気、逆境にさらされてもいつもと同じ力が発揮できる冷静な判断力が求められます。

程度こそ人それぞれですが、試合になればそれなりのストレスがかかってきます。

体育館のエアコンが効きすぎていたり、フロアが滑りやすかったり、照明の位置や明るさによってはシャトルが見えづらいかもしれません。前の試合が延びて自分の出番まで待たされたり、海外で試合をする場合は、言葉が通じないだけでイライラすることもあるでしょう。想定しなかったことが起きるたびに、緊張で足が動かなくなる人もいます。

しかし、いつも通りの力を発揮し、納得のいく試合をするためには、その都度、そうしたストレスを払拭する必要があります。

それを可能にするのがメンタルで、つまり思考をコントロールすることが平常心で試合に臨む最善の手段と言えます。

では、具体的にどんな心持ちでコートに立てばいいのか。

この章では、目まぐるしく変化する試合の状況、パートナーや相手の心理状態に応じたメンタルの持ち方について、私なりの考えを説明していきます。すべてを鵜呑みにする必要はありませんが、「これは自分たちでもできそうだ」というものがあれば、積極的に取り入れてください。

まずは、試合をする環境から話を進めていきましょう。

小学生や中学生の場合、初めて行く体育館で試合をすることが多いと思います。その時、フロアの広さ、天井の高さがいつもと違うだけで、戸惑うことがあるかもしれません。トイレや更衣室の場所がわかりづらいなど、些細な変化が緊張につながる人もいます。

最近は近代的な体育館も多く、熱中症対策として夏場はエアコンを使用するケースも増えていると聞きます。

そうなると、気になるのが〝風〟です。

基本的に空調を使用する場合は、風が直接当たってシャトルが不規則な動きをしないように配慮されています。それでも、ほんのわずかな隙間から風が入ってくることもあり、アウトになると思った球が風に流されてインになるなど、予測できないことが起こり得ます。何も知らずに試合に入ると、ますます気持ちの余裕を失ってしまいます。

バドミントンの選手としては珍しいかもしれませんが、私たちは風がある体育館を得意にしていました。

海外、とくにアジアは暑い国が多く、エアコンは必要不可欠です。すると、コートの場所によっては、シャトルが風の影響を受けやすくなります。それをストレスに感じる人も多いのですが、パワーがない私たちにとっては心強い助っ人。風が吹く向きを事前に把握しておけば、有効に活用することができます。

まずは、追い風と向かい風による影響の違いを頭に入れておきましょう。

【向かい風（コートが風下）の場合】

・スマッシュの速度が遅くなる
・クリアやロビングは飛距離が短くなるため、前に出た相手に強く打ち込まれる可能性がある

【追い風（コートが風上）の場合】

・スマッシュの速度が速くなる
・シャトルの飛距離が伸びるため、アウトになりやすい

会場の環境を踏まえながら試合を進めていく

いかがでしょう。どちらが有利でどちらが不利かというのは、考え方しだいです。

私たちはコートを選べるなら先に風上のほうに行き、強いスマッシュを打って相手にプレッシャーをかけます。もちろん、風を計算に入れて打っているので、球は確実にコートの中に入れます。

逆に風下の相手はシャトルが飛びません。そこを狙って、バンバン打ち込んでいくのです。

そして、コートチェンジすると、風上に立った相手は、今度はスマッシュがアウトになりやすくなります。そこで私たちは意図的にクリアを打って、相手に強いスマッシュを打たせるようにします。

風下に回ったらプレースタイルも変え、

チャンスだと思った時以外は強く打ちません。シャトルが風に押し戻されるため、相手が前に出てくるのを防ぐためです。

インドネシアで行われた大会で、私も松友も二人一緒に風邪で体調を崩したことがありました。熱を測ったら、37・5度を超えていました。

ところが、ラッキーなことに、会場は風がある体育館でした。座っているだけで、肌で風の強さを感じられるほどです。風のある会場を得意にしていた私たちは、終始優位に試合を進めました。風邪をひいたことで〝勝たなければいけない〟というプレッシャーもなく、いつも以上の力を発揮して優勝することができました。

風があるからといって、苦手意識を持ったり、考え過ぎる必要はありません。むしろ風を利用していろいろなバリエーションの攻撃を試すなど、ポジティブな思考に切り替えることで、ペアとしての経験値を高めることができます。

25

苦手なことは、苦手と思わないようにする

ラリーをはじめるうえで、サービスはとても重要なプレーです。

実は、私はサービスが苦手でした。身長が高い選手やサーブまわりが上手な選手と試合をする時は、「強い球を返されるんじゃないか」とよく緊張したものです。

そもそもサービスには「１１５cm以下から打たなければいけない」「ラインを踏んではいけない」「足を浮かせてはいけない」などのルールが多く、サービスでラリーを優位に持っていくのがむずかしいもの。どうしても、シャトルがネットに引っかからないように、ロングサーブで逃げてしまうことが何度もありました。

苦手意識を克服できたかはわかりませんが、心がけていたのは「サービスを苦手と思わないように打つ」ことでした。

「シャトルが少しくらい浮いてもパートナーが助けてくれる」
「ネットに引っかからなかったら、それでいい」
「相手のコートにさえ入れれば、相手がミスをしてくれるかもしれない」

ネガティブな考え方に思われるかもしれませんが、それくらいの気持ちでサービスを打っていました。

リオデジャネイロオリンピック決勝のファイナルゲームもそうでした。16対19から1点差に追いつき、そこから私はロングサーブを選択しています。

相手が大きかったので、ショートサーブをバシッと返されるくらいなら、ロングサーブでレシーブを固めたほうがいい。松友は「(ショートでもロングでも)どっちでも自分がカバーします」と言ってくれましたが、入る確率が高いロングサーブを打つことに決めました。結果的に狙いは的中し、ラリーに持ち込んで相手のミスを誘うことができました。

攻めるサービスの基本は、シャトルがネットの向こう側を這いながら落ちていくように、シャトルの軌道に角度をつけることです。ネットの手前に落ちるなどミスになる可能性は高くなりますが、ある程度のリスクを負わないと、相手のレベルが高い場合は簡単に返されてしまいます。

サービスに自信がある人は、ミスになることを恐れず、短めのサービスにチャレンジしてください。

また、私は高校生の頃から、目線を意識して打っていました。

相手の足元を見てサービスを打つのです。目線を上げると相手の上半身や表情が視界に

サーブまわりは大切だからこそ、ミスは避ける

入ってくるため、相手が〝ドンと構えている〟ように感じます。でも、相手の足元を見ていれば、その怖さはありません。

自分の弱点を把握しておくことも、高いレベルでプレーするためには大切なことだと思います。心に留めておきたいのは、その弱点を相手に悟られないようにすること。そして、レベルが高い選手と対戦する時は、「私のほうが強いんだ」と自分に言い聞かせることです。

その意味で言うと、自分がされて嫌なプレーを相手に対してすることも、試合を優位に進めるうえでは重要なポイントになります。

ぜひみなさんも、試してみてください。

26

守り（レシーブ）は最大の攻撃

私はレシーブが大好きで、得意なプレーの一つだと自負しています。

中学、高校時代を過ごした聖ウルスラ学院のバドミントンは、攻撃がメインのスタイルでした。恩師の田所先生はよく言っていたものです。

「ポイントを取りたいからといってレシーブに回るのではなく、上からどんどん打ちなさい。攻撃をしていれば、気持ちも前向きになるから」と。

でも、私にとってレシーブは、決して守りのプレーではありません。気持ちの持ち方で攻撃になるし、ポイントも取れる重要なプレーです。

だから、相手がパートナーの松友にばかり打ってきたら、「私に打ってきなさい」という気持ちで立ち向かっていました。誰よりもレシーブが堅いと思われたいし、「高橋に打っても決まらない」というイメージを相手に植えつけたい。「コートにいる四人の中で、一番レシーブを取ってやろう」といつも思っていました。

レシーブの魅力は、相手がポイントを取りにきたショットをバンバン返していくことです。自分がゲームをコントロールしている感覚になり、私にとっては楽しい時間と言えます。

私が現役の頃の中国人選手も、レシーブを得意にしていたイメージがあります。自分たちがずっと攻めていたはずなのに、いつの間にか相手に攻められているという感覚に陥ることが何度もありました。こちらがいいスマッシュを打っても、なぜか相手にレシーブでカウンターされているのです。

悔しくて、男子ダブルスの動画を見て研究しました。すると、ポジションの取り方によって、からだが小さい私たちを大きく見せられることがわかりました。つまり、レシーブをしながら少しずつ相手にプレッシャーをかけることで、相手が攻撃できるスペースを消し、自分たちのコートを狭く見せるのです。

試合の中で意識するべきは、「どこに打てば、相手はミスをしてくれるだろう」と考えながらポジションを取ること。そして、相手が決めにきたショットを、「待ってました」とばかりにバチンと打ち返します。

「相手の嫌なところに返そう」「相手が決めにきた球を狙おう」

私たちにとってレシーブのバリエーションは、他のどのペアよりも豊富にありました。単純に高く上げるだけでなく、攻撃につなげるためのレシーブを心がけてください。

27

攻める体勢で構える

メンタルから少し離れますが、レシーブのスキルについても説明しておきましょう。まずは次にあげる3つのポイントを押さえてください。

・むずかしくてもフォアで打つ
・速い球に対して速い球を返さない
・ラケットは立てて構える

ラケットを立てる理由は、そのほうが攻めのレシーブができるからです。

逆にラケットを寝かせて構えた場合、低めのシャトルを下からすくい上げるようになります。そうすると、球が浮き、相手にチャンスを与えてしまいます。

ラケットは立てて構え、胸のあたりに来た球は、重心を下げて脇のあたりからラケットを被せるイメージで打ちます。向かってくるシャトルに対して同じ目線で待つことが、うまくヒットするコツです。


バドミントンの中でも、レシーブはとくにメンタルが重要になるプレーです。

少しでも気持ちが引いてしまうと、その隙を突いて相手はどんどん強い球を打ってきます。腰が引けると重心が下がってしまうので、ポジションを前にして球を取ることができません。どうしても、手だけで球を打とうとしてしまい、ミスにつながります。レシーブが上達するためには、下半身の動き――フットワークの強化も不可欠です。

そして、頭に入れておきたいのは、速い球に対して速い球を返さないこと。そうではなく、相手が打ってきた球の速さを利用して、ラケットにポンと当てることを意識して打ち返します。相手のコートは広く、返すところはたくさんあります。同じところにばかり返すのではなく、相手の足を動かすことを意識しましょう。

さらに、ある程度のスキルは必要ですが、むずかしい球もフォアで打つ習慣を身につけておくと、いい球を返すことができます。

レシーブが苦手な人は、自分のところにシャトルが来るだけで「どうしよう」と不安な気持ちになるのではないでしょうか。

大事なのは、レシーブは守りではなく、攻撃の一つととらえることです。「絶対に落とさない」と強い気持ちでレシーブをすれば、必ず相手を崩すアタックにつなげることができます。

28

流れを変えたい時の工夫

どれだけ緊迫した試合でも、ずっと集中し続けるのは、さすがに私でもむずかしいものです。

試合中に小休止を取りたい場合は、相手がシャトルを変えるのを待っている時など、ちょっとした時間を見つけて頭とからだを休めていました。他のコートを見ながら「早く試合、終わらないかな」なんて、意外とどうでもいいことを考えたりして。

ラリーが終わったら「すぐに次のプレーのことを考えているんですか?」と聞かれることもありますが、相手があることなので次のプレーが思った通りにいくことはありません。どこでスマッシュを打とうとか、どうやってラリーを組み立てようかというのは、基本的にそのラリーの最中に考えます。

うまく試合を進められないという人は、時間の使い方を少し工夫してみるのも一つの方法です。

たとえば、相手との駆け引きにおいて、シャトルの交換を利用することがあります。ルール上、シャトルを交換したい時は、まず主審に交換の申し出をします。この時、シャトルが変形、破損していると主審が判断したら、新しいシャトルをサービス側が受け取ることができます。

このルールを有効に活用して、呼吸を整えるなど悪い流れを切ることがよくあります。

ちなみに、リオデジャネイロオリンピックの決勝は、16対19の場面から一度もシャトルを変えていません。相手のデンマークペアからも「シャトルを変えてほしい」というアピールがなかったからです。

実は、デンマークペアのこの行動は、私にとってとても意外でした。

身長が高くパワーがあるデンマークペアにとっては、よく飛ぶ新しいシャトルのほうが有利です。そのため、流れが悪いと感じたデンマークペアが、どこかでシャトルの交換を申し出ると思っていたからです。

逆に私たちは、流れがこちらに来ていたので、シャトルは変えずそのまま試合を進めたいと思っていました。

デンマークペアがシャトル交換の申告をしなかった理由はわかりません。ですが、おそらく私たちに追いつかれたことで、気持ちに焦りが出て、シャトルを交換して間を取ることさえ忘れていたのではないかと思います。

これは私たちにとって、とてもラッキーでした。

29 インターバルは会話より体力回復にあてる

バドミントンは、どちらかが先に11点を取った時点で１分以内のインターバル（休憩）が与えられます。また、第２ゲーム、あるいは第３ゲームがはじまる前にも、２分以内のインターバルが与えられます。

もし、ベンチにコーチが入っている時は、この時間を利用してアドバイスを受けることができます。

ただし、私と松友の場合、このインターバルを利用して二人で何かを話すことはほとんどありませんでした。あったとしても、私から一言二言、何かを伝える程度。松友から話しかけてくることはまずありません。

では、どうやってインターバルやゲーム間を過ごしていたかというと、やはり体力の回復がメインです。試合中はずっと動いているので、まずは汗を拭いて呼吸を整え、次に備えることが大事だと思っています。

仮に、１分のインターバルで「次のプレーはどうしようか」「相手のどこを狙おうか」などと話をしていてもきっとまとまりません。「あの時はこうするべきだったね」と反省をするなんてもってのほか。お互いに話をしだしたら、逆に余計なプレッシャーになってしまいます。

試合の最後まで体力を維持できるようにゼリーを飲んだり、水分を摂ることを優先させたほうがいいでしょう。

戦術的な話、たとえば「相手がこうなっている」「自分たちがこういう状態だからこうしよう」「相手の弱点を狙っていこう」というのは、コートの中でその都度考えるべきです。

私たちの場合、たとえコーチがベンチに入っている試合でも、「ちょっと勝ち急いでいるぞ」「もうちょっと落ち着け」などと言われたことはありませんでした。

トーナメントの初戦だったら気持ちにも余裕があるし、からだも疲れていないと思いますが、強い相手と対戦している時は体力も消耗しているため、いろいろなことをいっぺんに話されても聞くことはできません。

小学生年代の場合はある程度のアドバイスが必要なこともありますが、仮にインターバルで声をかけるとしても、むずかしいことを言うのではなく、その子が理解できるようなシンプルな言葉をかけてあげたほうがいいでしょう。

30 ほしがらず、引き過ぎない

バドミントンのようなネット競技の場合、「勝ち急ぐと、かえって勝利が遠のく」という教訓があります。

その意味で言うと私自身、現役時代は「ここで1点がほしい！」と強く願った時に限って失敗してきた気がします。

ほしい、ほしい、と思うと絶対に勝てない。

リオデジャネイロオリンピックの決勝を例に挙げても、16対19から3ポイントを取って同点に追いついた時、試合を見ていた多くの人が「このまま一気に21点まで取って、試合を決めよう」と思ったでしょう。

しかし、私が考えていたのはこうでした。

「きっと20点目は相手に先に取られるだろうな。そのあとのことを考えよう」

そうしたら、自分たちが20点目を取って先にマッチポイントにたどり着いた。心がけていたのは、「相手は引いているから、絶対にミスをしないようにしよう」ということだけです。マッチポイントを取っても、私は最後の1点をほしがりませんでした。

「絶対に20対20の同点に追いつかれる。だから、まずはサービスを入れよう」

そうしたら、まさかまさかの5連続ポイントで試合終了です。

勝ちたいという欲求は心の奥のほうに押し込めていました。頭の中にあったのは、目の前の1点を取ることではなく、自分にできることをやるという思いだったのです。

もちろん、世界で活躍するバドミントン選手の中には、目の前の1点を取りにいったほうがいいという選手もいるでしょう。それは否定しません。

でも、私たちにとっては、「ほしがらない」考え方がピッタリでした。

大事なのは、受け身になり過ぎず、なおかつほしがらないこと。たとえば、目線を少し変えるのも効果的です。

「倒れてもいいから、このラリーだけはガンガンスマッシュを打ってやろう」と攻撃的にいってもいいでしょう。「取れない球がないようにしよう」と守備に重点を置いてもかまいません。「1点を取りにいく」ではなく「まずはサービスを入れる」とハードルを下げてもいい。

そうすれば、切羽詰まった状況からでも乗り越えられることがきっとあるはずです。

さらに言うなら、よりレベルが高いところでプレーしようと思ったら、誰かに言われて変えるのではなく、自分で乗り越えていかないと勝ち続けることはできません。指導者のサポートはあったとしても、プレーしているのは自分たちです。

誰かに頼るのではなく、自分で乗り越える力を身につけてほしいと思います。

31

ミスしたらすぐに頭を切り替える

一つのミスで流れが大きく変わるのが、バドミントンの怖さです。

ミスのあといつまでもくよくよしていると、立て直せないまま試合が終わってしまうかもしれません。反省は試合が終わってからすればいい。自分あるいはパートナーのどちらかがミスをした時は、なるべく早く頭の中を切り替えてください。

私の場合、もし松友がミスをしたら、彼女の顔を見て「自信を持ったミスなのか」あるいは「焦ったうえでのミスなのか」によって声をかけるかかけないかを判断します。

もし、自信を持ったうえでプレーして、それがミスにつながったのなら、私からは何も言いません。パートナーも何が悪かったか理解しているだろうし、リスクを負ってトライしたことはむしろ称賛されるべきだからです。

一方、焦ったうえでミスをし、それによって松友が萎縮していると感じた時は、声をかけるようにしています。

長々と話し続けることはありません。「ドンマイ」など、ほんの一言です。それによって、ミスをした松友は救われた気持ちになるだろうし、自分の意思ですぐに気持ちを切り替えられます。それらは私と松友が先輩後輩の間柄だから成立していることでもあります。お互いの関係性を考慮に入れたうえで、どのように対応すればいいかを考えてください。

ただし、やってはいけないことははっきりしています。それは、「また同じミスをしている」「どうしてあそこに打ったの」と同じことを繰り返し言うこと。言ったところで「うるさいな」と思われるだけで、パートナーとの仲が悪くなる可能性すらあります。

どうすればミスを引きずらないで済むか。お互いにコミュニケーションを取りながら、パートナーとの関係性を構築してほしいと思います。

では、自分がミスをした時はどうするか。

私の場合、次の1点を自分でどう取り返すかを考えていました。

もし相手がすばらしいショットを打ってきたなら、「相手がいいところに打ってきた」と納得するし、深く考え過ぎることはありません。むしろ、「よくぞ私のところに打ってくれたな」とメラメラと闘志を燃やし、反撃する方法を考えます。

私はもともと一つのことを引きずらない性格ですが、終わったことより次のことを考えたほうが明らかに得策です。「倍返し」ではありませんが、ミスをした時はそれくらい前向きな気持ちでプレーしたほうがいいでしょう。

32

調子が悪くても表情に出さない

この章の最後に、ロンドンオリンピックで銀メダルを獲得したフジカキペア（藤井瑞希／垣岩令佳）の話をします。

プレーの安定性。それが彼女たちのストロングポイントでした。最大の要因は、ペアを引っ張っている藤井さんに悪い状態の時がないこと。つねにいい状態をキープしているか、ちょっと悪いとしてもそこまで崩れることがありません。パートナーの垣岩さんが崩れても、藤井さんがしっかり立て直している様子を見て、現役の頃は「すごいペアだな」と感心したものです。

おこがましいかもしれませんが、私も藤井さんに似たタイプのプレーヤーだと思っています。

藤井さんと垣岩さんも、同じ高校（青森山田高校）の先輩と後輩。たとえ後輩の垣岩さんが崩れても、先輩の藤井さんがうまくコントロールしていました。松友も、いい時はすごくいいプレーをするけど、崩れる時は崩れます。そんな時に、立て直していたのが私で、藤井さんと同じように少し悪くても最低限のパフォーマンスは維持していました。

他にフジカキペアと共通する点でいうと、コンビネーションがあげられます。パートナーを生かすプレーと言い換えることもできるでしょう。

たとえば、15対15や16対16など次の1点が大事だという時は、置きにいったほうがいいのか（様子を見たほうがいいのか）、それともリスクを負って決めにいったほうがいいのかをラリー中の松友の動きを見て判断します。

そのうえで、もし松友が様子を見て安全にプレーしているようだったら、自分は決めにいく、あるいはいい展開に持っていけるようにゲームを作りにいきます。

心がけていたのは、相手に対して何ができるかを考え、それをやり切ること。

松友のプレーに波があるということは、それだけリスクを負ってチャレンジしている証拠でもあります。それが成功している時は、ペアとしてもやっぱり強い。つまり、自分たちの調子の良し悪しは、松友の出来しだいと言うこともできます。

パートナーの私にできるのは、安定したプレーをして、松友に気持ちよくプレーさせること。逆に私のプレーがブレたら、松友はきっと不安になっていいプレーが出せません。

調子が悪いと思ってもそう見えないように振る舞う

だから、私は調子が悪い時も、できるだけ表情に出さないように努めていました。緊張もしないし、相手に圧力をかけられても絶対に引きません。

決して派手なプレーではないけれど、安定したプレーを出せるのが自分のいいところだと思っています。

わたしから見た金メダリスト PART 3

藤井瑞希&垣岩令佳

（女子ダブルス元日本代表）

「このペアが銀メダルを獲得しなければ、今の自分はなかった」と高橋が語るほど、影響を受けた先輩が、日本代表として活躍した「フジカキ」こと藤井瑞希&垣岩令佳ペアだ。同じコートで戦っていた頃、彼女たちの目に高橋はどう映っていたのだろうか。

ふじい・みずき&かきいわ・れいか／女子ダブルスの元日本代表ペア。2012年のロンドンオリンピックではバドミントンがオリンピック正式種目に採用されて以来、初の決勝進出を果たし銀メダルを獲得した。藤井は熊本出身、垣岩は滋賀出身。名門・青森山田高校で出会い、2006年に初めて全国優勝した。2019年2月に藤井、垣岩ともに現役を引退。藤井は講習会で全国を飛び回り、テレビ解説などでも活躍。垣岩は再春館製薬所バドミントン部のコーチ、2019年からジュニア代表のコーチとなり、日々指導にあたっている。

● 藤井瑞希から見た髙橋礼華

私がタカピー（髙橋）の存在を認識したのは、高校時代です。私が3年、タカピーが1年の東北大会でした。高校時代はコンタクトをとることはなかったのですが、実際話をするようになったのは、ナショナルチームに入ってから。

話す前のイメージは、ちょっと怖そうでとっつきづらいのかな、ライバル意識が強いのかなと思っていたのですが、話してみたら普通の女子でした（笑）。

私はいつの間にか気づいた時にはタカピーと呼んでいました。年は私が二つ上なのですが、へんに先輩ぶって「たかはし」「あやか」とか呼び捨てにもしたくなかったですし、「あやかちゃん」もなんか違うかなと思って。ずっと「タカピー」と呼んでいます（笑）。

普段は、ノーマル女子のタカピーですが、ひとたびコートに入ると、崩れない強さを持っている。たいていどんな強い選手にも調子の良し悪しというものがあって、いい時もあれば悪い時もあると思うのですが、タカピーは調子がいい時と悪い時の幅が少ない。つまり波がないのです。こちらがどんなにタカピーを狙って崩していこうという作戦を立ててもまったく崩れないし、気持ちが引いているように見えませんでした。

初めて対戦した時から、ずっとそういう印象ですね。今になって思うと、タカピー自身が試合に対する気持ちに波が立っていなかったのかなと思います。

もちろんその環境や状況を踏まえて、勝つために最善を尽くす。けれども、「メチャクチャ勝ちたい！」とか気持ちの波が大きくなることもなく、それ以外のことは関知しないというスタンスだったから、調子が上下しない。どんな状況でもつねに力を出し切れている印象がありましたね。

タカマツペアの精神的支柱は後衛のタカピーで、私たちフジカキペアは前衛の私が支えていました。

攻撃時に前衛の選手が前に出て攻撃のタイミングを図るというバドミントンの競技特性を考えれば、チームを落ち着かせる役割を持つメンタルタワーは、前衛の選手が行ったほうがスムーズというのが私の考えです。

けれども、後衛のタカピーは「いまだ！」と思っても前に出ることはできないポジション。そこは前衛の松友を信頼しながら、チームをしっかり支えていた。松友が前に出るタイミングをひたすら待って、見守るねばり強さがありましたね。

どちらかというと、メンタルが強いというよりも、ぶれない。つねに一定のプレーを発揮できる強さがある。メンタルの強さにもいろいろタイプがあるのかと私は思います。

●勝利に価値を与えすぎない、引き上げない

タカピーとのエピソードで印象に残っているのは、ロンドンオリンピックに向けて予選レースを戦っている時。どこの大会かは忘れてしまったんですけど、お互いその試合は負けてしまい、会場からホテルまでバス移動をしていた時に、タカピーが「次のリオに向けて藤井さんと令佳のプレーを見て勉強させてもらっています」と言ってきたんです。

まさかタカピーが、フジカキペアのことをそういうふうにみてくれていると思っていな

かったので、すごくうれしかったですね。なかなか現役選手同士はライバル意識もあるし、自分のパートナー以外には本音で話すことも少ないのですが、タカピーは自分の想いを素直に言える性格の持ち主なのだなと思いました。

そうやって言えるか、言えないかは、先輩から愛される別れ道と言いますか（笑）。そうやって言われると私も先輩として何か後輩に伝えられることがあれば、伝えたいし話したいと思える。それはタカピーの人徳ですよね。

現役を引退してからよく話すようになりました。いろいろな人と意見交換するなかでお互いの考えを共感できる機会は多くないのですが、タカピーと距離が縮まったのは、勝負に対しての考え方が似ていたから。どちらかというと勝ち負けに対してより、今の自分たちのベストを出す、それくらいにしか私たちは思っていなかったんですね。

極端に言えば、勝ったからなんなの？　優勝したらなんなの？　勝ちに対してそれくらいの気持ちで1試合、1試合戦っていたんです。だから、調子が悪くても、負けていても、気持ちが揺さぶられない。つまり、勝つことに対して、価値を与えすぎず、引き上げない。自分で価値を与えて引き上げてしまうと、やっぱりからだとこころのどこかに力が入りすぎて、練習の成果を出せない。ほとんどの選手がどこかで思い当たる節はあるのではないでしょうか。

タカピーは、どの試合も一定の気持ちで向き合うことで、１００％の力を発揮する。それを当たり前のようにこなしていたのではないでしょうか。当たり前のように力を発揮することがとてもむずかしいのですが、タカピーにとっては、それは当たり前に過ぎない。日々の行動や練習での心持ち次第で、それが普通のこととして試合で発揮される。それがタカピーの強さだと思います。

私のかつてのパートナー・令佳が活動しているナショナルのジュニアチームのコーチに就任したと聞いて、私自身もすごくうれしかったです。子どもたちにいろいろなことを伝えていきたいとタカピーも話していたので、オリンピックメダリストのマインドを持っている二人が今後の日本のバドミントン界の発展につなげてくれることを期待しています。

リオデジャネイロオリンピック金メダルとロンドンオリンピックの銀メダルを並べる髙橋と藤井

●垣岩令佳からみた髙橋礼華

私のいた近畿ブロックで一つ年下に「強い子」がいたことはよく覚えていました。それが当時、小学3年の礼華でした。ブロック大会で上位に入ると選抜合宿に参加するのですが、そこで初めて礼華と話をしました。

その後、高校では同じ東北ブロックで私は青森山田、礼華は聖ウルスラ学院に進学しました。高校になると学年関係なしに対戦するので、「強い1年生がいる。負けられない」という意識はありました。実際にシングルスで何回か対戦して、私が勝った記憶があります。

礼華は、試合ではまったく緊張しないタイプで、どっしりと構えているプレーヤーです。どちらかというと、私のパートナーだった藤井先輩と同じタイプ。

代表合宿に参加していても、練習時間外では決して自主練習はしない。そこも藤井先輩と同じで、私と松友は時間が空いたら、とにかく自主練習するタイプでした。

それぞれの性格や考え方で、バドミントンに取り組むスタイルが見事にくっきり分かれていました。でもやり方は違えども、どちらも自分たちのパフォーマンスを発揮するための手段だったと言えます。

ナショナルチーム時代のことを振り返ると、私がロンドンオリンピックを目指していた頃は先輩たちについていくのが精一杯という感覚がありました。そんな中でも、下からタカマツペアが追い上げてきたので、危機感もありました。

「しっかりやらないと追い越される」という気持ちがありました。先輩に抜かされるならまだしも、年が近い後輩には余計に負けたくない。タカマツペアの存在に対し、そういう気持ちが根底にあったから、私たちはロンドンオリンピックで銀メダルを獲得できたと思っています。

礼華のプレーを見ていて感じていたことは、どんな劣勢な場面に持ち込まれても、気持ちを引かないことです。かの有名なリオデジャネイロオリンピックの決勝戦も、どんなにリードされても気持ちが引いていないように見えました。

映像で観戦しましたが、堂々としているな、という印象を持ちました。あの16対19の場面ですから、少なからず気持ちが引いてしまう選手もいるなかで、礼華の表情から焦りは感じ取れませんでした。

逆に相手のデンマークチームのほうが、嫌がっていたくらい。相手があと1点、もう1点と点数をほしがる局面で、礼華は無理に決めに行かなかった。ガツガツしていないというか、その時できるプレーを確実に遂行する姿は、本当に礼華らしいと思いました。

●大逆転の根底にあるものを一緒に伝えたい

私自身も実は、タカマツペアと対戦した時に大逆転の経験があります。

２０１３年、藤井先輩がけがから復帰した日本リーグの最終戦（２０１３年12月28日、当時ルネサス所属）。第1ゲームを21対19で先取しましたが、第2ゲームは12対19とタカマツペアにリードを許していました。傍目から見れば、ファイナルゲームに突入する流れ。ところが、このゲームで藤井先輩と私のペアは、22対20で逆転して勝ったのです。

私自身は、ファイナルゲームにいくつもりで戦っていました。ある意味、第2ゲームは開き直って冷静に戦うことができました。一方、タカマツペアは普段決まる球も決まらず、その時は焦りが見えました。その隙をついて7点差をひっくり返すことができたのだと思います。

勝負の行方は最後までわかりません。この試合を経験して初めて気づくことができました。

私は現役を引退した後、コーチという立場になりました。リードされてしまうと試合中にあきらめているような表情やプレーをしている選手たちを見かけることがあります。

私自身も若い時は、よく藤井先輩に「なんであの球を最後まで追わないの？」と指摘されることもありました。その時にはまだ気づきませんでした。あきらめないことの大切さに。

左から松友、垣岩、藤井、髙橋。フジカキペアの引退試合の相手はタカマツペアだった

自分が必死に追って返した球に対し、相手はミスをするかもしれない。その積み重ねが勝利をたぐり寄せるかもしれない。その経験があれば、試合の途中であきらめるという気持ちにならないと思います。

あきらめるのはとても簡単です。仮にもし目標をかなえられなくても、あきらめずに行動した経験がその先に活きることが必ずあるはずです。

リオデジャネイロオリンピックで大逆転劇を経験した礼華は、まさにそれを後世に伝えられる選手。ともにジュニアのコーチという立場から、アンダーカテゴリー世代にあきらめない気持ちの大切さを伝えていきたいと思います。

第5章

パートナーとの意思疎通

バドミントンの種目には
「シングルス」「ダブルス」「ミックスダブルス」があります。
一人で戦う「シングルス」と違って、
二人で戦う「ダブルス」「ミックスダブルス」は
パートナーとの意思の疎通、戦略のすり合わせなど、
さまざまな共有が必要になってきます。
この章ではチームづくりにかかわるメンタルについて
解説していきます。

33

パートナーとは同じ目標、同じ熱量で

「松友と組んでいたからダブルスが楽しいと思えたし、いろんな経験をすることができました。うれしいことや楽しいことは少なかったかもしれないけど、でも、この二人だから乗り越えられたと思っています。13年間も組んでくれて、ありがとうという感謝の気持ちでいっぱいです」

２０２０年8月、その年の6月に現役を退くことを決めた私は、松友と一緒に引退会見を開かせていただきました。

その中で、松友に対する感謝の気持ちをこのように述べています。

嘘偽りのない言葉です。もし、ずっとシングルスをやっていたり、他の選手とペアと組んでいたら、ここまで成績を残すことはできなかったでしょう。もちろん、リオデジャネイロオリンピックの金メダルもありません。

今の私があるのは、間違いなく松友のおかげです。そして、二人を結びつけてくれた聖ウルスラ学院の田所先生にも、感謝の気持ちしかありません。

ダブルスの醍醐味は、パートナーが持っている能力を最大限に引き出し、また、パートナーに自分が持っている能力を引き出してもらうこと。つまり、コンビネーションです。互いの能力がうまくかみ合えば、１＋１は３にも４にもなります。

では、パートナーを生かすために、何をしなければいけないのか。

ここからは、ダブルスにおいて不可欠なパートナーとの関係について、メンタルに軸足を置きながら話を進めていきます。

ペアを組むうえで、私がパートナーに一番求めるもの。

それは、「同じ目標に向かって、同じ熱量でがんばっていくこと」です。

みなさんは、どんな目標を持って練習に取り組んでいるでしょうか。

たとえばオリンピックでメダルを獲るという目標がお互いにあっても、どちらか一方が「私はがんばっているのにパートナーはサボってばかり」とか「私はこれくらいで、あとはパートナーにまかせておけばいいや」という気持ちだったら、それを達成するのは不可能でしょう。

同じ目標に対して、お互いが本当に強い気持ちで向かっていかないと、パートナーとの関係を継続していくのはむずかしいと思います。

私と松友の場合、そのベクトルが完全に一致していました。

思い起こせば、初めてペアを組んだ高校生（聖ウルスラ学院英智高校）の時からそうでした。

ただし、当時はお互いにシングルスにも出ていたので、二人で目標の話をしたことがありません。「インターハイの団体戦で優勝したい」という、チームとしての目標を最優先に考えていました。

お互いの意思を確認することができたのは、高校を卒業した松友が私と同じ日本ユニシスに入社してからでしょうか。その頃から、結果がすべての世界に身を置くようになりました。なかなか勝てない時期が続いても、二人の目標がブレなかったから、やるべきことがはっきりしていたように思います。「まずは全日本総合で優勝しよう」「とにかくけがを治すことに集中しよう」と目標を切り替えることがあっても、スムーズにシフトすることができました。

目の前のハードルを一つずつクリアしていくことで、「次はこれ」と新たな目標を設定することができたのです。

とはいえ、それらの目標をその都度、二人で確認し合ってきたわけではありません。わざわざ確かめなくても、お互いの目指しているところはわかっていました。何より、松友がバドミントンに対してストイックなことは私も知っていたし、松友も私のことを信頼してくれていたと思います。

なぜなら、目を見ればわかります。

松友の表情、日頃の行い、練習に臨む姿勢などを見て、「これだけバドミントンと向き合っている人が、オリンピックに出るだけで満足するわけがない」と思っていました。

リオデジャネイロオリンピックで金メダルを獲ること。

それが二人の目標であり、一切ブレることはありませんでした。それこそが、二人がここまで長くペアを続けられた最大の要因だと思っています。

すべてのペアに言えることですが、はじめからコンビネーションが合わないのは当たり前です。大事なのは、合わないからといってあきらめないこと。「ここからこの人とがんばっていこう」という気持ちを持ち、練習を重ねて合わせていってください。

お互いに、何とかして強くなる努力をしていかなければいけません。一つの勝利をきっかけに、ダブルスのおもしろさに目覚めることもあるでしょう。

何より、パートナーとの信頼関係を構築するうえで大切なことは、相手の目や表情をしっかり見続けることです。

34

目標と関係性をはっきりさせる

「パートナーの松友選手はどんな存在ですか？」

現役の頃も今もよく聞かれる質問です。たしかに、パートナーとの関係性を「友人」や「夫婦」など身近なものでたとえると、イメージがしやすいのかもしれません。

私にとって1歳下の松友は、ひとことで言うと「妹」のような存在です。

遠征に行けば部屋は一緒だし、朝も昼も夜も食事はいつも一緒。オフの時は、一緒に買い物にも行きました。部屋にいる時も、松友はドラマを見たりゲームをしたり、私は漫画を読んだりと、お互いにリラックスした時間を過ごしていたものです。

生まれ育った環境が異なると日々の生活パターンも違ってくるものですが、ストレスが溜まるほど気になるものでもありませんでした。

たとえば、お風呂。私は1時間くらい湯船に浸かっているタイプですが、松友はシャワーだけで済ませても平気なタイプ。だからと言ってお互いに干渉することもなく、「私、長いから先に入るね」と気軽に言える間柄です。

もちろん、仲がいいだけで長くペアを続けられるわけでもありません。結果も必要だというのが私の考え方です。

なぜなら、結果が出ないということは、お互いの向かう先が一致していないから。突き放した言い方ですが、二人の目標にズレがあると、お互いの不平や不満もどんどん膨れ上がっていきます。

もしかしたら、バドミントンと関係のない、プライベートなことでも不信感を覚えてしまうかもしれません。

私と松友は、プレーヤーとしてのタイプも異なりました。松友は天才肌で技術をとことん突き詰めていくタイプ。一方の私はそれほど技術力が高くなく、足りない部分はメンタルで補うタイプでした。その意味で言うと、自分ができないことを認めることも大事です。

また、「これだけは誰にも負けない」と自信を持って言える武器を持っておくことも重要で、私で言えばそれがレシーブでした。

「からだは小さいけど、誰よりも動き回る」「ねばって拾うところは誰にも負けない」

何でもかまいません。それぞれが自分の武器を持つことが、強いペアを作るうえでの重要なポイントとなるでしょう。

35 ノーミスを目指した理由

松友と初めてダブルスを組んだのは、私が高校2年、松友が高校1年の時でした。

それまではお互いにシングルスがメインでしたが、秋の新人戦で「髙橋と松友はダブルスでいく」と総監督の田所光男先生から発表されたのです。

はじめは「どうして？」と思いました。

高校の団体戦は「2複3単」と呼ばれ、ダブルスを2戦、シングルスを3戦行い、先に3勝したチームの勝利になります（中学は「2複1単」で先に2勝したチームが勝ち）。私は当時、キャプテンをやっていて同い年の選手とダブルスを組んでいました。

先生からの信頼もあって、団体戦の時はダブルスとシングルスの両方に出ていたのです。

松友は松友で、「先輩と組むということは、ダブルスをメインにやっていかなければいけない」と思ったらしく、お互いに「どうしよう」という心境でした。私自身、「後輩と組むからには先輩の私がしっかりしないといけない」と思うようになり、自分で自分にプレッシャーをかけていた気がします。

ところが、あれよあれよという間にインターハイで優勝したり、全国高校選抜大会で優勝したり、さらには同じ年の全日本総合バドミントン選手権大会で３位に入るなど、先生自身も驚くほどの結果を残すことになりました。

では、二人のコンビネーションはどのように培われていったのでしょうか。

根本にあるのは、私自身の「ミスをしたくない」という気持ちだと考えています。

経験したことがある人も多いと思いますが、ダブルスをやっていると、ラリーの中でお互いが予想外の動きをすることがあります。たとえば、「あなたがそこで前に行ったら、私がカバーしなければいけない範囲が広がるじゃん」という場面。パートナーがポジションを間違えたにもかかわらず、しかし、そこでカバーし切れなかったら私のミスになります。

そういうミスを、私はしたくなかった。まわりにそう思われるのも嫌だったので、たとえ松友が間違っていたとしても、私がすべてをカバーしたいという気持ちでした。

また、ゲームを作っているのはおもに松友で、ここという時にむずかしい球を選択しながらプレーしていく必要があります。そんな時に私のミスが多かったら、レベルの高い相手と対等に戦うことはできません。つまり、松友がリスクを負う分、私はノーミスじゃないと勝てない、という気持ちでした。そういう気持ちのプレーが、私たちのコンビネーションがよかった要因だと思っています。

36

お互いの癖を知る

ダブルスの試合では、二人でプレーしているからこそ起こり得るミスがあります。

その一つが「お見合い」。二人の間に来たシャトルをお互いが譲り合い、まるでからだが固まったようになるケースはよく見られます。

私たちには、ペアを組んだ頃からその「お見合い」がありませんでした。

二人の間に来た球は、基本的に私が取りにいっていたからだと思います。

松友との間で共通理解ができていたので、中途半端な球に対して二人が同時に手を出すことはほとんどありません。

ジュニア年代の試合を見ていると、どうしても「お見合い」が多いペアがありますが、そんなペアに私は「間に来た球をパートナーが取ってくれると思い込んでいませんか？」と聞いてみたいものです。

「今のは、どっちが取りにいく？」とその場しのぎの反省になっていないでしょうか。

「お見合い」の克服は、私からすれば、「どっちも手を出せばいい」だけの話です。試合中に「どっちがいく?」という話をしても、同じ球がまた来ることはありません。私と松友の場合、「今のは私がいく」で話はおしまいです。

その意味で言うと、私たちはお互いの特徴もよく把握していました。

たとえば、松友はフォアが得意なので、右にいる時はレシーブもまかせることができます。逆にパワーはないから、反対のポジションになった時は私がカバーしないといけません。まかせるところはまかせるけど、同時に相手に〝隙〟を見せるわけにもいかない。そうやってお互いに得意なプレーでカバーし合っていたから、うまくいったのだと思います。

お互いの癖を知っておくと、パートナーのミスも素直に受け入れることができます。

松友がミスをしたように見えても、「今のはポイントを取りにいったうえでのミスだな。だったら、しょうがない」と納得することができました。勝敗を決定づけるような手痛い失点だったとしても、「ちゃんと考えて打った球だな」と認めてあげることが、お互いの信頼関係を築くうえで大切なことだと思います。

37

武器がないことが武器

「タカマツが他のペアに負けないものは何ですか？」

そう聞かれたら、私は迷わずこう答えていました。

「コンビネーションです」

ダブルスのフォーメーションには、二人が横に並ぶ「サイド・バイ・サイド（おもに守備時）」と前後に並ぶ「トップ＆バック（おもに攻撃時）」があり、ラリー中は状況に応じてお互いの立ち位置を変えていきます。これを「ローテーション」と言い、動き方にはお互いの役割や戦術、相手との駆け引きも多分に含まれているのですが、私たちのコンビネーションは他のどのペアにも負けませんでした。

おそらく、簡単にまねができるものでもなかったと自負しています。

私と松友はからだが大きいわけではないし、他の選手に比べてパワーもありません。勝つためには、コンビネーションでお互いの長所を引き出し、短所をカバーし合うことが何よりも重要だったのです。

このローテーションがうまくできないと、プレー中にぶつかったり、お見合いをしたり、ラケット同士をぶつけることがあります。ですが、私たちは初めて組んだ時からそうしたミスがありませんでした。

それが自分たちの強みでもあり、「中国ペアのまねをしてみよう」「このペアの形を自分たちもやってみよう」ということもスムーズに対応することができていたように思います。

ただ、コンビネーションが強みではありますが、一方で「これ」と言えるような武器がなかったことも特徴の一つです。

今の日本代表で言うと、フクヒロ（福島由紀／廣田彩花《さやか》）にはねばりがあります。ナガマツ（永原和可那《わかな》／松本麻佑《まゆ》）だったら身長があり、アタック力がある。

しかし、私たちには、そうした武器がありませんでした。

繰り返しになりますが、何しろ私たちは小さい。現役時代の私が身長１６５㎝で、松友が１５９㎝です。何も知らない人がリオデジャネイロオリンピックの決勝を見たら、１８０㎝近いデンマークペアが勝つと思うのは当然のことと言えるでしょう。

だからこそ、コンビネーションを磨き続けました。

もし、「自分たちのペアには武器がない」という人がいたら、ぜひ私たちのプレーを動画で見て参考にしてください。きっと、どこかにヒントが見つかると思います。

38 バドミントンと向き合う

2021年4月、U19日本代表のコーチに就任しました。

今の若い選手は伸びしろだらけで、私がかける一言でどれだけ変わっていくのだろうと思うと、楽しみでいっぱいです。

バドミントン界はこれまで、日本代表でプレーしていた選手が引退後もそのまま指導者になるケースがほとんど見られませんでした。だから、コーチ就任のオファーをいただいた時も、「私にできることは何だろう」という葛藤もありました。

指導力に優れたコーチがたくさんいる中、私が自信を持って若い選手に伝えられるのは「考える力」です。

先日も高校生の試合を見に行く機会がありました。私たちが高校生の頃より、今の選手はとても体格に恵まれています。スキルも非常に高い。

だけど、〝すごい〟と言える選手がいるかというと、そうではないのが現状です。シビアに考えると、日の丸をつけてタフなオリンピックレースを勝ち抜き、オリンピックの表彰台に立てるような選手は見当たりません。飛び抜けた選手がいないのです。

この傾向は、ジュニア年代の選手も同じです。たしかに、「強くなりたい」という意識が高く、世界で戦いたいという思いも伝わってきます。性格も素直だし、わからないことがあれば積極的に質問してくれます。ですが、一つ苦言を呈すなら、そこからの発展がありません。

「勝つためには、今以上にこんなことまでやらなきゃいけないいんだ」

「今までの考え方は間違っていた。じゃあ、教わったことをパートナーにも話して、新しいことをチャレンジしよう」

そうやって、「考え方」を広げる努力があってもいいように思うのです。

ラリーの組み立て方や相手の心理の突き方など、教えてあげられることはあります。しかし、本気で「世界一になりたい」「オリンピックでメダルが獲りたい」と思うなら、それ以前にもっと大切なことがあります。

「バドミントンに対してもっと向き合っていかないと、上には行けないよ」

「世界で勝ちたかったら、もっと必死にならないといけない。そんなに甘い世界じゃない」

それが世界で戦い、オリンピックで金メダルを獲った私が言えること。バドミントン界の発展、若い世代の可能性を広げるために、これからも伝え続けていきたいと思います。

39 コーチは選手に寄り添う

とても熱く、いつも前向きなアドバイスをしてくれるコーチがいました。

その一言に救われた経験は数知れず。不安のない状態でコートに送り出してくれて、いつも同じ気持ちで戦ってくれました。何より、私たちが「リオデジャネイロオリンピックで金メダルを獲る」と信じて指導してくれたことは、感謝の言葉しか見つかりません。

今も以前も、私が最も信頼を寄せているのが日本代表の中島慶コーチです。

現役時代は、トータルで11年くらい。まだ世界に出ても勝てない若手の頃から、引退するまでずっとそばで指導してくれました。

もし私が指導者になるなら、きっと中島コーチをお手本にするでしょう。

信頼を得る最大の理由は、特定の選手を特別扱いしないことにあります。

日本代表ともなればたくさんの選手が集まってきますが、誰かに偏ることなく分け隔てなく見てくれました。

ロンドンオリンピックが終わってからの4年間は、私たちの目標を実現させようと、より親身になって接してくれたものです。変に私たちに入れ込み過ぎることもなく、でも、気持ちはちゃんと寄り添ってくれました。

とくにダブルスの場合、気をつけないといけないのは、コーチが二人いる選手のどちらかの肩を持ち過ぎないことです。たとえば、中島コーチは、松友のメンタルが落ちていた時に、「そこは髙橋がちゃんと声をかけてあげたらいいんじゃないか。松友は緊張するとプレーにも影響が出る。だから、あなたが声をかけてあげて」とよく言っていました。それも、私と松友の性格や立場をちゃんと理解しているから言えることです。

松友の調子が悪い時ほど、中島コーチの私に対する要求は大きくなっていくこともありました。それに対して若い頃は、「どうして私ばかり言われないといけないのだろう」と思ったことや、「私がダメになった時は、誰がカバーしてくれるんだ」と憤ったこともある。

だけど、中島コーチは中島コーチなりに、「髙橋がカバーしないと成り立たない」と思ってだろうし、私も私なりに「自分がカバーすれば必ずよくなる」と思っていました。

「我慢」が口癖の中島コーチはそんな私を見て、「この子だったらカバーできる」と思ってくれたのでしょう。技術やプレーだけでなく、私の人柄を見て認めてくれたのです。

「だったら、自分がやるしかない」。中島コーチを信頼しているからこそ、私もそう思うことができました。

40

「自分」と組んでみたい

「松友選手の他に、組んでみたい選手はいますか?」と聞かれることがあります。

たしかに今のバドミントン界には、すばらしい選手がたくさんいます。誰がオリンピックに出場し、誰が表彰台に立ってもおかしくありません。

とくに女子ダブルスは近年、階段を駆け上がるように目覚ましい発展を遂げてきました。スエマエペア（末《すえ》綱《つな》聡《さと》子《こ》／前田美順《みゆき》）は２００８年の北京オリンピックで、世界ランク1位（当時）の中国ペアから大金星を奪いベスト4進出。同じ大会で、オグシオペア（小《お》椋《ぐら》久美子／潮田玲子）は5位入賞を果たしています。

そして、4年後のロンドンオリンピックでフジカキペア（藤井瑞希／垣岩令佳）が銀メダルを獲得しました。表彰台に立つのは、日本人として初めての快挙でした。

リオデジャネイロオリンピックの金メダルは、そうした偉大な先輩方が道を切り拓いてくれたから得られたものだということを忘れてはいけません。

一方で、ダブルスをやっていると周囲からはどうしてもペアで評価されます。

「タカマツはすごいね」「タカマツはメンタルが強いね」

しかし私の中には、一人のアスリートとしても認められたいという気持ちがどこかにありました。「髙橋礼華は誰と組んでも強い」と思われる選手になりたかったのです。

そういうこともあり、「誰と組んでみたいですか？」と聞かれたら、私はいつも「自分です」と答えます。その理由は、自分と組んだら、「髙橋礼華と組むことのよさ」がわかるから。今まで気づかなかった自分のいいところや悪いところに気づくかもしれません。

ここで言いたいのは、パートナーに依存してはいけない、ということです。大袈裟に考えると、オリンピックレース中に松友がけがをしたら、他の人とペアを組まなければいけなかったかもしれません。でも、私にとって「オリンピックで金メダルを獲る」という目標は変わらない。だったら、新しい人とペアを組んでも、「これだけカバーできるようにがんばろう」と思うのは当たり前。

だからこそ、一人の選手として「あの人は誰とペアを組んでも強いね」と思われることが重要だし、普段から個の力を上げておく必要があると言えます。

パートナーは「頼る」のであって「依存」しないこと。もちろんダブルスはパートナーありきですが、あくまでも「自分のためにがんばっている」という感覚を持つことも忘れてはいけません。

41

松友美佐紀という選手

私が引退する時、松友は「(髙橋)先輩以外の選手と組むのは無理」と言ってくれました。とてもうれしい言葉です。松友は、パートナーが私だったからこそ、自分が生きたと思っていたようです。そして、私自身も、私だから松友を生かせたと思っています。

この章の最初に、松友のことを妹のような存在だと述べました。

一方で、理想のペアは、夫婦のようなものだと感じることもあります。

私の母はとてもメンタルが強い人で、たまに父と喧嘩することがあっても「パパは私がいないと生きていけない」といつも笑って許していました。父のことを誰よりも理解していて、自信を持ってそう言えることが素敵だなと感じます。

当たり前のことかもしれませんが、ダブルスをやる以上、パートナーのことをよく理解していなければいけません。

タカマツで言うと、松友は勝負どころでものすごい力を発揮する選手でした。それは、私が持っていない素晴らしい才能です。

高校生の頃からそうでした。思い出すのは、私が高校3年の時。当時、宮城県には私と同じ学年に佐藤冴香《さやか》というシングルスの選手がいました。ロンドンオリンピックの日本代表メンバーにも選ばれるほどの実力の持ち主です。

その年の夏、宮城県大会の準決勝でその佐藤選手に負けてシングルスでのインターハイ出場を逃しました。2年生だった松友はインターハイの出場権こそ手にしましたが、決勝戦ではやはり佐藤選手に負けています。

ところが、インターハイの本番になると、松友が佐藤選手にリベンジを果たすのです。

決勝戦という大舞台で、それまで見たことがない集中力を発揮していました。その姿を見て、「松友は、勝つところを知っているな」とつくづく感じたものです。

たしかに佐藤選手のほうが緊張していたように見えました。どちらかというと、松友のほうがのびのびとプレーして、自分らしさを出していた印象があります。

おそらく、相手の隙を見逃さない強さが松友にはあるのでしょう。

強運に恵まれている人のことを「持っている」などと表現しますが、松友はまさにそれに当てはまる選手でした。オーラがあるというか、何か特別な力を持っているのだと思います。

松友が、試合中に息を吹き返すという経験も何度もありました。

試合の前半はなかなかエンジンがかからなくても、後半になれば必ず立ち直ります。言い換えるなら、一つの試合を通して調子が悪いということがなく、15点オールになってから急に攻撃が決まり出すなど、どこかでスイッチが入っていました。だから、私にできるのは、松友の調子が上がるまで我慢することでした。

どうしても松友の調子が上がらないようなら、できるだけ松友にシャトルを触らせないようにして試合を進めます。後衛の私が前に行ったり、私がゲームを作ることもありました。

そうやって、松友のスイッチを入れることも、今思えば私の重要な役割だったように思います。

42

スイッチを押してくれる人を持つ

私のバドミントン人生は、とても周囲の人に恵まれたものでした。決して簡単な道のりではなかったですが、困難に陥った時、あるいは高い壁にぶち当たった時、必ずそこに誰かがいて、背中を押してくれた気がします。

たとえば、こんなことがありました。

初めて日本代表に選ばれたのは19歳の時でしたが、最初の2年はなかなか勝てない時期が続きました。１回戦負けが続き、どこかで何かを変えなきゃいけないと思っていました。

殻を破るきっかけになったのが、２０１１年に行われた全日本総合バドミントン選手権大会の優勝です。21歳の時でした。

実はその1年前、今はタレントとして活躍する潮田玲子さんから「私が全日本総合で優勝したのは21歳の時なんだよ」と言われたのです。

今思えば、どうして潮田さんにそういう返事をしたのかわかりません。しかも、その時の結果は3位でした。なのに、私はとっさに「来年は私が絶対に優勝します」と宣言していたのです。

「言霊《ことだま》」という言葉があるように、口にした言葉には何か力が宿るのかもしれません。もし、その時に潮田さんと話をしていなければ、きっと「来年は優勝しよう」なんて思わなかったでしょう。「優勝なんてもっと先でいい」と思っていた可能性もあります。

だけど、その時の負けを、「次につながる意味のある負けだ」と自分たちに言い聞かせたことで、気持ちにスイッチが入りました。

確信はなかったものの、「次の年は自分が優勝するんだ」という根拠のない自信はありました。口にした目標をかなえられるように、精一杯努力もしてきました。

そして、チャンスを見逃さずにがんばってきたからこそ、つかむことができた貴重な初優勝だったと思います。

リオデジャネイロオリンピックの金メダルも、当然のことながら一人の力で成し遂げられたものではありません。

私たちは２０１４年、ヨネックスオープンジャパンの女子ダブルスで、日本人として初めて優勝を果たしました。同じ年に行われた仁川アジア大会では、女子ダブルスとして44年ぶりに決勝進出。インドネシアに敗れたものの、銀メダルを獲得しています。日本勢として初めて世界ランク1位となり、ＢＷＦスーパーシリーズファイナルズの女子ダブルスでも日本勢初の優勝を達成しました。

さらに２０１６年の全英オープンで、日本勢として38年ぶりの優勝。リオデジャネイロオリンピックに弾みをつけます。

そのように数々のタイトルを獲得できたのも、気持ちを前向きにするスイッチをいろいろな人が押してくれたからで、こころから感謝しています。

おそらく気持ちを前向きにするスイッチは誰でも持っていると思います。要は、それを押してくれる人がまわりにいるかどうか。

私にとって最も身近な存在が、松友でした。

一方、松友には気持ちが前向きな時とそうでない時があります。

そうでない時――、たとえば松友が試合中にナーバスになっていたら、私が気持ちを前向きにして「大丈夫だから」とその場をしのいでいました。二人が同じようにナーバスになっていたら何もうまくいきません。
　所属していたチームの監督からも、「お前ができなかったら、このペアはおしまいだ。自信を持ってプレーしろ」と言われたことがあります。

　そうしたまわりからの指摘もあって、つねに気持ちを前向きにするように努めてきました。

周囲の人がスイッチを押してくれたから、気持ちを前向きにしてプレーできた

　そうやって、お互いに足りないところを支え合ってきたことが、私たちが何度も頂点に立てた理由の一つだと確信しています。

中島 慶コーチ（バドミントン日本代表コーチ）

**ナショナルチームに選出されてから一番近くで
タカマツペアを見守り続けた中島慶コーチ。
世界のチームと戦っていくうえで、そのメンタルはどう培われたか。
中島コーチに髙橋礼華という選手の印象とコーチングの心得を聞いた。**

なかじま・けい／1962年生まれ。中華人民共和国出身。日本バドミントン協会所属。現役時代は中国代表として活躍。引退後は1989年に龍谷大学を卒業し、日本の企業チームのコーチを務めてきた。2000年にジュニア代表コーチ、2002年にシニア代表ダブルスコーチに就任。北京オリンピック以降、チームを入賞に導いてきた。

●走るトレーニングは嫌いだったはずだが、先頭を走っていた

髙橋礼華に初めて会ったのは、彼女がジュニアの頃だったと思います。「素直な性格の子だな」というのが第一印象で、小さいけどからだつきはガッチリしていました。

日本代表のコーチとしてタカマツペアに深く関わるようになったのは、今から12、13年前でしょうか。北京オリンピックのあとだったと記憶しています。

練習に対する姿勢が、彼女らの強さを物語っていました。ほとんどけががなく、厳しいト

レーニングをきちっとこなしていました。とくに髙橋は、フィジカルのトレーニングを誰よりもがんばっていた。ダッシュ系のトレーニングをやらせたら、チームの中でも1位か2位。いつも先頭を走っていた覚えがあります。

ただし、決して走るのが得意だったわけではありません。むしろ、走るトレーニングは嫌いだったはずです。でも髙橋は、小さい選手が大きい選手に勝つためには、何をやらなければいけないかをいつも考えていました。自分にとって走るトレーニングが最も効果的だということを知っていたのでしょう。

プレーも安定していました。つねに自分の力を発揮できるところが、彼女の特徴です。相手がどれだけ強かろうが弱かろうが、自分が持っている力を出し切れる選手でした。

しかも、コーチの私がうながすわけでもなく、髙橋と松友は自ら努力できる選手だったのです。私の役割は、苦しい時や試合で負けそうな時に「大丈夫だよ。自信を持って」と声をかけること。彼女たちをサポートすることを意識していました。

●どれだけ悪い条件でも選手を信じて取り組んできた

タカマツペアとしての強みは、やはり攻撃です。レシーブでチャンスを作り、そこから攻撃に転じてポイントを稼いでいました。中国やヨーロッパの選手に比べてからだは小さいけど、どこよりもコンビネーションがすばらしいペアでした。

ラリーにも強かったですね。覚えているのは２０１９年の世界選手権。準々決勝で敗れたけれど、中国ペアを相手に１２６分におよぶ死闘を演じました。負けず嫌いで、精神力の強さを示す一戦になりました。

私がコーチとして心がけていたのは、どんな時も選手を信じることです。日本には「二人三脚」という言葉がありますが、そのようにどれだけ悪い条件でも選手を信じ、チーム一丸となって取り組むことを大切にしてきました。

もちろん、思い通りにいかないこともあります。タカマツペアにとっては、それがリオデジャネイロ大会に向けたオリンピックレースでした。松友がけがをして、勝てない時期が続いたのです。だけど、そんな時は、どちらかが我慢しなければいけません。パートナーは、焦らずに待つしかできないこともあります。パートナーが練習に参加できなくても、個人の能力を伸ばすことはできる。高橋もそうやって、我慢しながら一日一日を過ごしていました。

「自分も中島コーチのような選手に寄り添えるコーチになりたい」と話す。子ども対象の講習会にて

大事なのは、目の前のことにとらわれるのではなく、選手を信じ、最終的な目標（リオデジャネイロオリンピックの金メダル）に向かって一緒に歩んでいくこと。

選手はお互いに信じ合い、何があってもカバーし合わなければいけません。二人が組めば一人より強いもの、それがダブルスです。それを髙橋も松友も理解していたからこそ、目標だった金メダルをつかむことができたのです。

リオデジャネイロオリンピックもよく覚えています。デンマークとの決勝はファイナルゲームで16対19と追い込まれ、多くの人は「もう試合は終わった」と思ったことでしょう。しかし、ベンチに座っていた私はあきらめていませんでした。

なぜか。それは普段の練習から手を抜かずに努力している姿を見ていたからです。もちろん人間ですから疲れることもあり、コンディションを調整することも多少あったと思います。それでも彼女たちは、毎日毎日、厳しい練習と向き合い、それを繰り返してきた姿を見てきたからこそ、信じることができた。おそらく髙橋と松友、二人の間にもそういう気持ちはあったと思います。

タカマツペアが表彰台の一番上に立てた理由は、彼女たちのメンタルの強さだけではありません。

それまで女子ダブルスの歴史を築いてきた多くの選手たちのおかげでもあります。スエマエペア（末綱聡子・前田美順）は北京オリンピックで、日本初のベスト4に入りました。4年後のロンドンオリンピックで、フジカキペア（藤井瑞希・垣岩令佳）が銀メダルを獲得。そうした積み重ねの結果、タカマツペアが金メダルを獲得できたのです。

今、髙橋はジュニアナショナルチーム（U19）のコーチとして若い選手の育成に携わっていますが、普段から「中島コーチのような指導者になりたい」と言ってくれているそうです。とてもうれしいし、こころから「ありがとう」と言いたいですね。

指導者は、「優しさ」と「厳しさ」を同時進行させなければいけません。優しいだけでもダメだし、厳しいだけでも強い選手は育たない。でも、髙橋はこの二つを持っているから大丈夫。彼女ならきっとすばらしい選手を育てられると思います。

ぜひがんばってください。

第6章

ジュニア育成の心がけ

現役を引退してから
ジュニアの指導にかかわるようになりました。
現場では「どうしたら子どもたちがバドミントンに
熱中してもらえるのだろうか」と日々考えています。
ジュニアのコーチとしてまだ経験の浅い私ですが、
選手のことを一番に考えたコーチングをモットーにした
考え方を述べていきます。

43

勝てる方法を自分で探す

バドミントンとの出会いからはじまったこの本もいよいよ最終章。最後はジュニア年代を育成するうえでの心がけについて話していきます。

２０２０年に引退してから、バドミントンの講習会などで子どもと関わる機会が増えました。

初めてラケットを握る子どもも多いので、１日でバドミントンをうまくしてあげようとは私も思っていません。まずはバドミントンの楽しさを知ってもらったり、私のアドバイスを練習で生かしてもらえたら――、そのお手伝いができたらと思っています。

「どうやって言えばうまく伝わるだろう」

「もっとわかりやすい言い方はないだろうか」

バドミントンの魅力をたくさんの人に伝えたくて、こうして模索する毎日です。

私が指導や育成に興味を持つようになったのは、あるテレビ番組の出演がきっかけでした。

一生懸命練習しているのになかなか試合で勝てない小学6年生の女の子に、マンツーマンで指導しました。

はじめに教えたのはからだの使い方。そして、さりげなく褒めて、自信をつけさせました。

試合では第1ゲームを落としますが、私のアドバイスをきっかけに第2ゲームを取り返します。迎えたファイナルゲームは劇的でした。なんと3対12から逆転勝ちするのです。

自分が1日でも教えた子がこんなにも変わってくれるんだと思うと、うれしくてその場で泣きそうになりました。

私が小学生の頃は、ただただバドミントンが楽しかったことを覚えています。

その中でも、「どうやったら強くなるのだろう」と、それを自分で見つけることにモチベーションを置いていました。小さいからだで勝てる方法を探すのは、最高に楽しい時間でした。

今思うと、そうやって自ら考える力が、私の競技人生を支えるベースになった気がします。

44

コミュニケーションを学ぶ

家族の応援のありがたみを本当の意味で感じるようになったのは、恥ずかしながら引退してからです。たとえば、現役の頃はこんなことがありました。

海外で試合がある場合など、時差がありながらも現地時間の朝に合わせて「今日もがんばってね」というメールが父や母から送られてくるのです。そして、試合が終わったタイミングを見計らって「お疲れさま、勝ってよかったね」というメッセージが送られてきました。

もちろん、テレビで中継があるわけではありません。それでも、わざわざ真夜中に起きて、インターネットのライブスコアを見ながら応援してくれました。

それを、海外で大会が行われるたび、ほとんど毎日です。当時は「わざわざ連絡してこなくていいよ」と思いもしましたが、今考えるととてもありがたいことだと実感しています。

中学は地元の奈良を離れ宮城の聖ウルスラ学院英智に進学しましたが、寮生活を通して学ぶことはとても多かったです。

学校から自転車で15分ほどの距離にあった寮は、バドミントン部以外の生徒も含め約30人が生活していました。一つの部屋に2段ベッドが二つある四人部屋。ただし、中学1年から高校3年まで、違う学年、違う部活の生徒との共同生活です。
しかも、寮のルールで朝は掃除をしてから先生のチェックをもらい、OKが出てはじめて朝ごはんが食べられます。たとえば、トイレ、廊下と1週間ごとに掃除をする場所が入れ替わり、365日毎日やらなければいけません。

バドミントン部は朝練があり、基本的に7時までに登校していました。掃除の時間を考えると、5時半には起きる必要があります。

自分で洗濯物をたたむのも初めてだったし、そもそも洗濯機の回し方も寮に入るまで知りませんでした。食事とお風呂の準備以外、生活に必要なことはすべて自分たちでやっていました。そんな生活を6年間も続けてきました。

そこで学んだのは、コミュニケーションの大切さです。

元気がない後輩を見かけたら「大丈夫だよ」とはげましたり、逆に私が落ち込んでいたら声をかけてくれる先輩がいました。違う部活の生徒もいたので、「この子は明日が試合だな。早く寝られるように、部屋では静かにしておこう」とまわりを気遣うことも必要でした。

テストの前はみんなで夜中まで勉強するなど、団体で生活する楽しさも味わうことができたと思います。昔の学園ドラマのような陰湿ないじめもなく、6年間で人間として大きく成長することができました。

45

シンプルな言葉を使う

小学生の試合を見ていると、コートの外から大きな声を出しているコーチを見かけることがあります。

その声が本当に子どもたちのこころに届いているのだろうかと気になります。

負けそうな時に「落ち着け！」と大声で言われても、子どもたちは冷静に考えることができません。わからないことだらけの小学生だったら余計に慌ててしまうはずです。

もし、自分なりに次の作戦を考えている時に、外から大きな声で指示をされたらどう思うでしょうか。からだもキツいし、おそらくほとんど何も耳に入っていないでしょう。調子が悪い時や競った試合をしている時はなおさらです。

では、コーチは何も言わなくてもいいのかと聞かれると、それも違います。

子ども自身がコートの中で気づき、解決できるのなら、放っておいても問題ありません。

ですが、高校生くらいまでは、気づいていないことは指摘してあげたほうがいいと思います。

大切なのは、むずかしい言葉を使うのではなく、その子が理解できるようにシンプルな言葉を使うこと。

また、「受け身になっているぞ！」とか「ミスをするな！」といったネガティブな言葉を使うのではなく、足が動いていないなら「相手を動かす球出しをしてみよう」とシンプルに言ってあげればいい。

そうすると、「私は今、足が動いていないんだ」と子どもは自然と気づきます。「いつも通りにやってごらん」と言ってあげるだけで、いつもの練習を思い出して「やってきたことを出せばいいんだ」と冷静さを取り戻すことができるはずです。

もちろん、子どもの性格は人それぞれですから、声をかけることで「どうしよう、どうしよう」と追い込まれていく子どももいます。それでもコーチには、選手を前向きにさせるポジティブな言葉を投げかけてほしいのです。

前向きにさせる言葉が思いつかないなら、褒めることも一つの方法です。

何でもないプレーでも、「今のプレー、よかったよ」と声をかけてあげれば子どもは安心感を得られます。目を合わせて、笑顔で「いいぞ」とうなずいてあげるだけで、子どもは自分のプレーに自信を持つことができるでしょう。

そうやって、試合に向かう子どもを前向きにさせてあげるのが、指導者の役目です。

ミスしたプレーの反省や課題の克服は、試合が終わってからやれば十分です。

46

相手の特徴を伝える

現役の頃からたくさんのすばらしい指導者に出会ってきました。

声のかけ方や試合中の態度、立ち居振る舞いは人によって異なりますが、共通しているのは、真剣に子どもたちと向き合っていることです。

試合がはじまれば一緒に熱くなってくれるコーチ、声を枯らして応援してくれるコーチ、選手がミスをした時に「なんでミスをするんだ！」と大声で怒鳴るコーチもいます。

体罰や暴言が許せないのはもちろんですが、最近の小学生の試合を見ていて少し気になることがあります。

それは、コーチの指示が曖昧《あいまい》だったり、逆に細かすぎること。

「今のはこうしなきゃダメだろう！」

「気持ちで負けるな！」

「根性を見せてみろ！」

調子がいい時に指示を出すコーチはあまりいません。多いのは、指導する選手の調子が悪い時、あるいは相手に流れを持っていかれそうな時です。パニックになっている選手も多く、そんな時に大きな声でああしろ、こうしろと1ラリーごとに言われても、選手の頭の中はパニックになってしまいます。

コーチだけでなく、子どもにずっとアドバイスを送っている保護者もいます。

せっかくリードしているのに、お父さんやお母さんから「慌てるな！」「落ち着け！」と言われた子どもは、果たして冷静になれるでしょうか。ほとんどの場合、ミスが増えるにしたがって不安な顔は涙目になり、最後は逆転で負けてしまいます。

では、どうすれば、子どもの不安を取り除けるのか。

コートに立っている子どもの多くは孤独を感じています。メンタルが熟成されていない子どもに向かって「いつも通りの力を出しなさい！」と頭ごなしに言っても、すぐに受け入れられるわけがありません。言い過ぎは、何もいいことがないのです。

もし子どもが慌てていると感じたら、まずは対戦相手の特徴を伝えてあげるといいでしょう。

「相手の足元を狙ってみよう」

「相手のバックハンド側が空いてるよ」

すると、違うところにフォーカスが当たって、集中力を取り戻せることがあります。私が

子どもたちが理解しやすい言葉を真っ先に選んで伝えることが大切。引退後の講習会にて

現役の頃も、終盤の競った場面になると「とりあえずサーブを入れよう」「こっちからミスをしないぞ」とポイントを絞って考えるようにしていました。

焦っている時に、あれもこれもできません。結局、練習でやってきたことしか試合で出すことはできないのですから。

もちろん、指導の仕方は人それぞれで、その子にあった教え方でいいと思います。ただし、小学生であれば教え過ぎは禁物。大事な試合で負けてしまった時に、立ち直れなくなる可能性があります。

コーチのみなさんには、ぜひ選手と同じ気持ちになって試合に臨んでください。

とくにパートナーがいないシングルスの場合、近くではげましてくれるのはコーチしかいません。選手が安心してプレーできるように、いつも寄り添ってあげてほしいと思います。

そして、保護者のみなさんは、ぜひ子どもたちを見守ってあげてください。

試合中に「ああしなさい」「こうしなさい」と言われても、子どもたちは気が散るだけです。

助けが必要だったら、きっと子どものほうからアドバイスを求めてくるでしょう。その時にサポートしてあげたら、プレッシャーもかからずのびのびとプレーできるに違いありません。

47

生活習慣が競技につながる

干渉しない代わりに、バドミントンに関しては一切の口出しをしない。私の母は、いい意味での放任主義でした。この本を手に取ってくださったみなさんの中には、お子さんがバドミントンをしているという方も多いと思います。では、そのお子さんが練習に行く時の支度をどうされているでしょうか？　いろいろなご家庭があると思います。大きく分けると、「子どもが自分で支度をする」か「親が支度を手伝う」か。

たとえば、前の日に練習用のTシャツやハーフパンツをリュックに入れておき、当日は余裕を持って家を出る子どももがいます。

逆に何も支度をしないまま就寝し、翌朝、家を出る直前にバタバタする子どももいます。シューズや靴下を忘れて、コーチにいつも叱られている子どももいるでしょう。小学1、2年の女の子だと、自分で髪を結べない子も多いかもしれません。

私の両親は礼儀にとても厳しく、「自分のことは自分でやりなさい」という教育方針でした。支度に関して言うと、小学生の頃から手伝ってもらったことが一度もありません。「ラケットは持った？」「シューズを忘れてない？」なんて、家を出る前に聞かれたことも皆無。

水筒も自分で用意していたし、髪も自分で結んでいました。それが当たり前のことだと自然に思い込んでいたのです。

しかも、家に帰ったら洗濯物を自分で洗濯機に入れるのが髙橋家のルールでした。平日の練習が終わるのは遅く、帰宅はいつも夜の9時過ぎ。子どもだったら、すぐにでも寝たい時間です。ところが、当時は洗濯物を出し忘れたら自分のせいですし、もし試合の日にシューズを忘れるようなことがあったら、きっとコートに立たせてもらえなかったでしょう。

近頃は、過干渉な親御さんも多いと聞きます。私のまわりにも、高校を卒業してもお母さんにいろいろやってもらっている選手を見たことがあります。

なかには、子どもが選んだ進路を認めなかったり、子どもの主張を遮って一方的に叱りつける親御さんもいるそうです。子どもの夢を背負いすぎていないでしょうか。子どもの考える力を大切にして、子どもの選択を尊重してあげてください。私の両親の教育方針が正しかったかどうかはわかりませんが、子どもの頃に身についた「自分のことは自分でする」という習慣は、今も大いに役立っています。その際たるものが決断力。引退する時もそうでしたが、人生の大事な決断をする時は必ず自分の意思で決めてきました。

生活習慣や生まれ育った環境は、バドミントンにつながっている。私は今も、そう信じています。

48

当たり前の行動を身につける

バドミントンだけやっていれば強い選手になれるかというと、そんなことはありません。

対戦相手を尊重する気持ち、支えてくれている人への感謝――、そうしたすべての行動が、結果よりも大切な部分になって表れます。

目上の人に対する言葉遣いや振る舞いも大事です。ところが、寂しいことではありますが、最近の若い選手の中にはそうした当たり前のことが欠けている人もいます。バドミントン選手である以前に、一人の人間であることを忘れてはいけません。

「バドミントンの選手は、人間的にもすばらしい人が多いよね」

まわりの人からそう言われるように、選手としての振る舞いにもこころを配ってください。

私は30歳で引退しましたが、選手としては長く続けられたほうです。

ほとんどの選手は、引退してからの人生のほうが長いもの。そう考えると、第一線を退いてから、それまでやってきたことが生かせる人というのはほんの一握りです。だからこそ、バドミントンだけにならないよう、若い頃から人として当たり前の行動を身につけていかなければいけないと思っています。

私には、沙也加という2歳下の妹がいます。

私と同じ「橿原《かしはら》ジュニア」でバドミントンをはじめ、小学2年の時に全国大会で準優勝しました。左利きでからだが大きく、私よりも高い技術を持っています。

小学校を卒業すると、バドミントンのために富山県の中学に進学しました。宮城県の中学に進んだ私とはその点でも異なります。

両親からもよく言われていました。

「技術面では沙也加のほうがいいものを持っているけど、礼華はメンタルが強い」と。

思い返してみると、沙也加は母に叱られると、「オネエちゃん、オネエちゃん」と私に甘えてばかりいました。私も私で甘いから、そうやって妹が来ると、すぐに甘やかしてしまう。でも、私には甘える人がいませんでした。思えば、子どもの頃から私は、そうやって年下の子の面倒を見るパターンが多かったように思います。

そのおかげで、まわりの人間を引っ張る力が自然と養われたのかもしれません。

49

考えられる選手を育てる

現役を引退してからというもの、あらゆるカテゴリーの試合を解説させていただく機会が増えました。先日も高校生の試合を見ていて感じたのですが、今の選手はからだが大きくねばりがある分、考えて試合を組み立てていない選手が多いように感じました。

他のスポーツと同じように、バドミントンもからだが大きいほうが有利です。それは間違いありません。小学生や中学生ならなおさらで、力強いスマッシュを上から打てるだけでラリーを優位に進められます。

ただし、勝負となれば話は別。私はそういうパワーに頼るバドミントンではなく、相手をよく見て、どうすればこのラリーを奪うことができるのだろうと、そういうことばかり考えながらプレーしていました。

もし私が他の子どもよりからだが大きかったら、そういう考えには至らなかったと思います。おそらく、力にまかせてポイントを取ろうとしていたでしょう。ですが、からだが小さい私にはそれができなかった。だから、相手よりも考えながらプレーしないと、勝つことができませんでした。

小さいことを逆にメリットにすることで、他の選手よりも考える力が身についたのだと思います。

松友とペアを組むようになってからも、ダブルスとしてのプレースタイルをしっかり考えて試合を組み立てていました。

第4章でも話したように、私はつねに「誰よりもレシーブが堅い」「この人に打っても決まらない」と思われたいという考え方でした。

しかも、レシーブといっても、ただ相手のコートに返球するだけではありません。相手を揺さぶったり、相手がいないところにシャトルを返すようにしたいと思いながらプレーしていたのです。一球一球をしっかり考えて、「ここだったら相手は嫌だろうな」「ここだったら相手の足を動かせるな」と考えながらレシーブしていました。

ただ漫然とレシーブをするのではなく、意図のある球を返す。たとえ、小学生でも習慣にすれば難しいことではありません。

今はユーチューブなどの動画共有サイトもあるので、動画で動き方を頭に入れることもできます。

考えてプレーすることで、持っている能力を何倍にも引き上げることができます。からだが小さいといったコンプレックスも、きっとプラスに変えられるでしょう。

わたしから見た金メダリスト PART 5

松友美佐紀（日本ユニシス所属・ミックスダブルスプレーヤー）

憧れの先輩がある日、突然、自分のダブルスパートナーとなった。その日から髙橋礼華とともに成長の階段を上り続けてきた松友美佐紀。いつも一番そばで見てきた髙橋の姿とは――。元パートナーの証言をここにまとめた。

まつとも・みさき／1992年生まれ、徳島県出身。中学時代に全国大会のシングルスで優勝を経験し、聖ウルスラ学院英智高に入学。高校1年時に髙橋とペアを組んだ。高校卒業後は2010年日本ユニシスへ入社。以後、タカマツペアとして数々の実績を残し、世界ランキング1位へ。2016年にはリオデジャネイロオリンピックで金メダルを獲得した。現在はミックスダブルスプレーヤーとして活動している。

●手を抜かない姿をずっと隣で見てきた

私にとって「メンタル」は、こういうものです、と具体的に言えるものではなく、日々積み上げてきたことがコート上で証明されるものだと思っています。1日1日考えて取り組んできたことが多ければ多いほど、自分に対して自信をくれるものですね。

心・技・体という言葉がありますけど、その3つがひとつになった時、「心」という部分は自分の実力を発揮するための基礎になる部分だと思います。とはいえ、心だけしっかり鍛えればいいかというわけではなく、心・技・体すべてにおいて毎日の積み重ねが大切になってくるのではないでしょうか。いろんなことを経験していく過程で、自然とその考えにたどり着きました。

私から髙橋先輩の「メンタル」について話すのも恐縮なのですが、ひとつ例をあげると、からだのどこかが痛くなったら、選択肢として練習を休むという手段もあると思います。けれども、先輩はどこか痛くても、けがをしたとしても、その状況で自分のできることを探してそれに徹することができる人です。

すぐに休むという判断や選択をしない。ギリギリまでできることを探して、あればそこに全力投球する。どんな時でも必ず目的を持って、取り組む。それが本来のあるべき練習ですし、先輩が練習で手を抜かないと言われるところではないでしょうか。１日１日、全力を尽くす先輩の精神力を私はずっと隣で見てきました。

とくに２０１５年リオデジャネイロオリンピックの予選レース中、私が試合中に捻挫したジャパンオープンは心底思いました。

インドのペア相手に第1ゲームを先取して第2ゲーム、5対1とリードしている場面で、私が捻挫をしました。通常どおりに動ける状態ではなかったのですが、棄権せずに戦いました。

私はただ、前衛で立っていることしかできなかった。それでも、先輩は「全部、私が対応するから大丈夫だよ」と言ってくれた。それで結果的に第2ゲームも21対17と勝つことができたのです。先輩の精神力は本当にすごかったですね。

●成長を感じられたことが楽しいと思えた

私が初めて先輩の存在を知ったのは、私が小学3年で先輩が4年の時でした。お互いシングルスをやっていて、同じカテゴリーの「3年4年の部」に出場しました。その大会では私はベスト8で先輩が優勝したので、最後まで試合を観戦していて、ダントツで強かったのをよく覚えています。

ジュニア時代からチーム同士の交流があったので、お互いのチームを行き来して練習試合などで、言葉を交わしました。実際、試合で対戦する機会もなかったので、交流試合の時はとにかくプレーを見て参考にしていたんです。先輩は、その時から私の憧れの存在でした。

高校に入学すると憧れの人は、先輩となり、チームメイトとなり、私が言うのもおこがましいのですが、ライバルでした。最初はシングルスをメインで二人ともやっていたので。そんななか、田所先生からペアになることを発表されて、とにかくビックリして先輩とペアを組めるうれしさとかそういう感情よりも、「がんばらなきゃっ！」と思いましたね。

大会での表彰後、唯一無二のパートナーだった松友美佐紀と

13年間ペアを組んできて、思い出に残っている試合は？　と聞かれた時に頭に浮かんだのは、全英オープンに初めて出場した大会ですね。北京オリンピックが終わった後、金メダルを獲得した中国の杜《と》婧《せい》・于《う》洋《よう》ペアに1回戦で当たったんですけど、ボコボコにされました（笑）。

代表に入ったばかりで1年目、大人と子どもくらいの力の差がありました。この時、どうやったら中国ペアみたいになれるんだろうか、いつかはあんなふうに同じ土俵で戦いたいな、と思いました。

先輩も同じ気持ちだったと思います。どうやったら、世界のトップにたどり着けるんだろう、中国ペアに近づけるんだろう……そう思いながら、日々の練習に取り組んできました。先輩の姿を見ていれば、わざわざ口に出さなくても同じ目標に向かっているなとわかりました。
何よりも、自分たちが強くなりたいと思って進んでいく過程で、成長を感じられたしそれが楽しいと思えた。そうやって何度も繰り返してきました。そういう部分で、お互い意思の疎通はできていたから、長い時間一緒に歩んでこられたのだと思います。

●調子がいい、悪いという判断基準はなかった

リオデジャネイロオリンピック決勝戦。あの時私は、やってきたことを1回でも多く出したいなっていう想いでやっていました。状況は相手にリードされていても、気持ち的に焦るとか冷静を欠くとかそういう感じはなく、オリンピックに向けてたくさん練習してきましたし、誰よりも練習してきたという自負がありました。

私たちのペアには、「調子がいい、悪い」という概念はありませんでした。それはなぜか。お互いがその試合のコンディションを判断して最大限できることに徹していたからです。よく、「今日は調子がいい」あるいは「悪い」と感じる人もいると思いますが、何を基準にして「いい」「悪い」を判断しているのでしょうか。私たちには「いい」「悪い」の判断基準、物差しがありませんでした。少しでもその時の状況をふまえて成長できるように。

仮に先輩自身も、時には悩んでいた時期もあったかもしれません。それでも、先輩はどん

な状況であれ、いつもと変わらずバドミントンと向き合い、準備も進めてベストを尽くす。それをひたすら積み重ねてきた姿を、私はそばで見てきました。

そんな先輩の姿は、私自身をここまで成長させてくれたし、お互い切磋琢磨して、チームとして成長してこられた。いい言い方が見つからないのですが、私たちはペアなんですけど、いい意味で一番のライバルというか。個々のレベルを磨いていくことで、一人ひとりのできることが多ければ多いほど、先輩もより高い練習ができるようになる。そうしてチームのレベルも自然に上がっていくという関係でした。

私は先輩が引退しても、今も昔も変わらず尊敬しています。先輩と出会えなかったらきっと味わえなかったような人生を通じて、たくさんのことを経験させていただきました。先輩がいたからこそ、私もここまで成長できたといま、こころから想っています。感謝しきれないほど、感謝しています。

私たち「タカマツペア」が積み上げてきたものは、誰にも負けない、かけがえのないもの。先輩は引退されて次の道に進まれて、新しいことをはじめられましたね。チャレンジ精神もすごいなと思います。大変だろうなと思いつつも、どんなことにも一つひとつ全力で向き合い、先輩らしく進んでいくのでしょうね。そんな先輩をこれからも応援しています。

おわりに

２０２０年8月19日、オンラインによる記者会見を開き、現役の引退と、13年にわたる松友とのペア解消を発表させていただきました。

さかのぼること4年前。その日は偶然にも、リオデジャネイロオリンピックでデンマークと決勝を戦ったのと同じ日でした。そして、隣にはあの時と同じように松友の姿が。合わせたわけでもないのに、私と同じ薄いベージュのスーツを着ていたあたりに、ペアを組んで13年という歳月の重みを感じました。

私にとってバドミントンは、「初めて人生をかけたもの」です。生まれて31年しか経っていないけど、その世界で輝くためにがんばってきました。

記者会見でも話したのですが、現役の頃は、オリンピックで金メダルを獲ることを目標に掲げ、練習でやるべきことをやり、オフの日もずっとバドミントンのことだけを考えて生活してきました。

だから、現役生活に後悔はありません。もしやり残したことが少しでもあったら、私の性格上やめていないでしょう。たくさんの人に応援してもらい、とても幸せなキャリアを歩むことができたと今でも思っています。

人との出会いにも恵まれました。

引退したあとも、仕事先で初めて顔を合わすスタッフや共演者の方々からとても親切にしていただいています。バドミントンの講習会で出会った人も、みなさんとても熱心に私の話に耳を傾けてくれます。「髙橋さんに人徳があるからですよ」と言ってくれる人もいますが、私が心がけてきたのは、バドミントンと真剣に向き合うことだけでした。


この本を通して私は、メンタルの大切さを伝えてきました。

メンタルを強くするということは、ただ根性を鍛えるだけでなく、自分やパートナー、対戦相手などすべての人に対する気配りにもつながってくると感じています。

バドミントンをがんばっている子どもたちは、ぜひまわりにも目を配ってください。芯を持った人間になり、バドミントンと真剣に向き合ってください。

そうすればきっと、バドミントンが強くなるだけでなく、たとえ競技から離れても、いい人に出会い、素晴らしい現場で仕事ができるようになるでしょう。

私は私で、バドミントン界がもっと盛り上がるように、これからも自分にできることを精一杯がんばっていきます。

またぜひバドミントンの会場で会いましょう。

ありがとうございました。

髙橋礼華

著者　高橋礼華（たかはし・あやか）

地元奈良県の橿原ジュニアでバドミントンをはじめ、2000年の全国小学生大会（5年生以下の部）で優勝。中学から聖ウルスラ学院英智（宮城県）に進学し、2008年のインターハイでは団体、女子ダブルスの２冠に輝いた。このときダブルスを組んだ１年後輩の松友美佐紀と世界を目指すことになる。高校卒業後は日本ユニシスバドミントン部に所属し、「タカマツペア」で2011年全日本総合選手権で初優勝。以降、３連覇を含む５度の優勝を果たす。国際大会では2016年の全英オープンに優勝するなど活躍し、世界ランキング１位で迎えた2016年リオデジャネイロオリンピックでは念願の金メダルを獲得した。2020年８月に現役引退。引退後は講習会、メディア活動などを行い、2021年４月からは日本バドミントン協会のジュニア日本代表コーチを務める。1990年４月19日生まれ。

STAFF

編集協力	吉田亜衣
執　筆	岩本勝暁
装丁・本文デザイン・DTP	柿沼みさと
協　力	株式会社 RIGHTS.、日本ユニシス株式会社

パーフェクトレッスンブック
バドミントン　負《ま》けないこころのつくり方《かた》

2021年８月31日　初版第１刷発行

著　者　高橋礼華
発行者　岩野裕一
発行所　株式会社実業之日本社
〒107-0062　東京都港区南青山 5-4-30
CoSTUME NATIONAL Aoyama Complex 2F
電話　編集　03-6809-0452
販売　03-6809-0495
ホームページ　https://www.j-n.co.jp/
印刷・製本　大日本印刷株式会社

　ISBN978-4-408-33989-4（新企画）